ドイツ語造語論入門

ベルント・ナウマン
［著］

石井賢治
［訳］

Bernd Naumann
Einführung in die Wortbildungslehre
des Deutschen

Bernd Naumann: Einführung in die Wortbildungslehre des Deutschen
Tübingen: Max Niemeyer Verlag 2000

三修社

Bernd Naumann: Einführung in die Wortbildungslehre des Deutschen

© 3rd, revised edition 2000 Max Niemeyer Verlag Tübingen.
Published by arrangement through Meike Marx, Yokohama, Japan

目　次

　　　　序　言 ………………………………………………………… 7

0　　　導　入 ………………………………………………………… 11

1.　　　境界設定 ……………………………………………………… 13
1.1　　造語と語創造 ………………………………………………… 13
1.2　　造語と語クラス ……………………………………………… 18
1.3　　造語と言語史 ………………………………………………… 21

2.　　　造語：形態論 ………………………………………………… 27
2.1　　語構成の形態素類 …………………………………………… 28
2.1.1　不連続形態素と融合異形態 ………………………………… 31
2.1.2　ゼロ要素と造語タイプ „品詞転換" ………………………… 32
2.1.3　接合要素 ……………………………………………………… 36
2.2　　造語と屈折 …………………………………………………… 38
2.3　　形態素の階層的結合としての造語 ………………………… 43
2.4　　短縮語の形成 ………………………………………………… 47
2.4.1　左方の短縮語と右方の短縮語 ……………………………… 49
2.4.2　イニシャル語/略語 ………………………………………… 49

3.　　　造語：統語論と意味論 ……………………………………… 51
3.1　　辞書と統語論の間の相互作用としての造語 ……………… 51
3.2　　慣習的造語、即席造語、および潜在的な造語 …………… 59
3.3　　造語に関する制約 …………………………………………… 61
3.3.1　音素配列上の制約 …………………………………………… 61
3.3.2　形態上の制約 ………………………………………………… 62
3.3.3　「阻止」 ……………………………………………………… 62

3.3.4	意味上の制約	65
3.3.5	会話の論理に関する制約	66
3.4	造語の有縁性：不透明―透明―自明	67
4.	造語タイプ	77
4.1	複合：名詞	78
4.1.1	限定複合語	78
4.1.2	並列複合語	84
4.1.3	合接語	86
4.2	複合と派生の境界	88
4.3	派生：形容詞	94
4.3.1	接尾辞造語	96
4.3.2	接頭辞造語	100
4.4	動詞の造語	102
4.4.1	接頭辞添加	104
4.4.2	不変化詞複合	106
4.4.3	動詞付加語を伴う動詞	107
5.	造語とテクスト	110
5.1	文の代名詞化	111
5.2	„置換と指示の手段" としての造語	114
5.3	造語の „テクストに依存した容認可能性"	118
5.4	ヴァリエーションをつける文体手段としての造語	124
6.	造語と心理言語学	128
6.1	造語と言語習得	128
6.2	造語と言語喪失	132
7.	展望：„電子コミュニケーションの言語" における造語	139

練習問題の解答例 ……………………………………………144
［注］ ……………………………………………………………163
参考文献 ………………………………………………………166
索引 ……………………………………………………………173
訳者あとがき …………………………………………………182

序　言
Vorwort

　この研究ノートは1972年に、当時新たに設けられたシリーズの最初の研究ノートの一つ（第4巻）として世に出たものである。ほぼこの時期には、ドイツでも造語研究はもはや歴史的な観点を優先するのではなく、現代語の観点のもとで行われ始めた。Fleischerの総括的な研究は1969年に初版となって刊行された。同年、Chomskyの「諸相」もドイツ語で出版され、当時造語もとくに統語的観点から興味をひいたようである。この研究ノートは（生成的というよりパラフレーズに重点を置くものだったが）それに応えるものであった。このノートが急速に時代遅れになったのは、今になってみれば一面に偏ったこの見方のせいであった（統語論に基礎を置いた他の特殊論文、例えばFillmoreの格文法モデルを用いて取り組んだ1974年のKürschnerの研究も同様である）。そこで、1986年表題に「入門」が付け加えられて出版される第2版に向けて、このノートはすっかり改めざるをえなかった。わけても大幅な増補が必要であった。言語史的な観点もこのとき再び考慮された。

　またも14年が経過し、このノートは改めて書き換えが必要になった。もちろんこの第3版と1986年の第2版との違いは、最初の2つの版との間の違いに比べるとはるかに重要性に乏しいものであった。妥当する部分は引継ぎ、その間古くなったものは逐一削除することができた。従って章全体を削除する必要性はもはやなかった。ただし、この第3版に向けて第2版の全章にわたるかなり大幅な改変がなされた。

　新訂するに当たり、次の視点を重視した。

- 歴史的な部分と現代ドイツ語の部分の区分を一層明確にすることとし、全体的に歴史的観点も再び取り入れることにした。歴史的造語にはいまや冒頭で独自の（短い）章が割かれ、他の章では言語史的観点はところどころでしか言及されていない。確かに幾つもの史的論文が90年代に刊行された。しかも歴史的な造語に関する独自の、評判の高いシリーズも設けられた（ニュルンベルクの初期新高ドイツ語の造語、H.H.Munske編、1993 ff.）が、しかし（歴史的な）資料を増やすよりも基本的な問題の方が重要となる入門書では、歴史的な詳述は省くことが可能である。といってそれで通時態を一切放棄することを意味するわけではない。言語が絶えず変化するということや、いずれにしろ量〈Größe〉と領域の定義と命名が核心領域を成すことは、現代語を用いても示すことができるであろう。この核心領域と並んで、言語が絶えず動いていることを明らかにする常にかなり大きな周辺領域が存在する。このことは多くの箇所で、例えば統語論と辞書の領域が互いに密接に関わり合う'造語の語彙化の度合い'やあるいは複合と派生の間の移行領域で明らかになる。この移行領域には中間的な用語（半接頭辞/半接尾辞〈Halbpräfixe/-suffixe〉ないしは擬似接頭辞/擬似接尾辞〈Präfixoide/Suffixoide〉）が提案されたが、それらの一部はまた退けられ、後に再び用いられることになった。
- 70年代と80年代に語彙主義者と統語論者の間で激しく交わされた理論論争は、今日ではもはや現実性がなくなり、しかも造語理論に向いていた関心は主として実践に移っている。90年代の研究寄稿論文の大部分が原則的な立場をつねに新たに打ち出すことを断念している。その多くは記述的・機能的根拠に基づいた研究である。1986年の稿ではまだ述べられなければならなかった理論論争に関する多くのことが今日時代遅れとなり、今や省いても差し支えがなくなっている。
- この入門書の例示的な性格を今もっとはっきりさせておく必要がある。中心的な造語タイプである複合と派生は、それらに典型的な主要品詞だけを取りあげ、すなわち複合のタイプは名詞で、派生のタイプは形容詞で例示

する。たしかに双方のタイプがこの2つの品詞で代表されているが、生産性には違いがある。複合形容詞よりも複合名詞の方に、慣習的なものととりわけ即席のものがはるかに多くある。複合と派生の間の移行領域もまたこの二つの品詞で例示することになるだろうが、ここでは形容詞形の方が数もずっと多いことから、生産性に勝ることは明らかである。動詞という品詞は、接頭辞添加〈Präfigierungen〉により派生のタイプに、またさまざまな種類の動詞付加語〈Verbzusätze〉により複合のタイプに、双方のタイプに関与している。(位置で言えば、一段と興味深い、一新するようなことがらは、動詞の場合語幹の左で、形容詞の場合は右で起こる。)

- 今回は1986年のときほど完全性に重きを置かなかった。それに対しては今のところ個々の疑問のための参考書としてもうってつけのFleischer/Barz (1992) の大々的な研究が存在する。この入門書ではむしろ造語の役割を、形態論上、統語論上、および意味論上といった言語のさまざまなレベルで明らかにし、問題領域を議論し、最も重要な造語タイプを例示的に紹介していくことにする。

このノートは今や構成にも違いがある。(新たな下位の章1.3を除いて第2版から広範にわたり引き継いだ)導入部に続いて中心的な大きな章が3つ続く。

1. 形態論：ここには比較的重要性に乏しい造語タイプである短縮語形成〈Kurzwortbildung〉と品詞転換〈Konversion〉も入れられている。
2. 統語論と意味論：この章は本質的にはこの前の第2版からそっくりそのまま引き継いだものである。もっとも、量的には大幅に減少している。ここに造語の意味関係を別の面から扱うことができる「単語族」〈Wortfamilien〉に関する新たな下位の章をもってくることも考えられたであろう。
3. 造語タイプ：この章では上で略述した原則に則って複合と派生が記述される。この上位の章は大幅に書き改められたもので、1986年のテクスト

— 9 —

序　言

と一致しているのはほんの数節だけである。

　すでに 1986 年に取り上げた「造語とテクスト」と「造語と心理言語学」といった観点は、今回巻末にきている。造語に関して私の知る限り、この二つの領域ではこの間本質的に新しいことがらは現れなかった。従ってここはほとんど何も変える必要はなかった。ただし、テクスト言語学の章では若干の補足があった。

　展望として、そのうちできれば第 4 版で（再び 14 年後？に）きっとさらに中心的な意味をもつことになる観点についての二、三簡単な発言が巻末にきている：電子機器による情報伝達における造語。

　この構成により、このノートはおよそ過去 50 年の枠組みのたび重なる交替を反映している。造語研究おいては 60 年代の初めまで歴史言語学が優勢であった。何度も出版された基準的学術書は（Willmanns と Paul の伝統を引き継いだ）Henzen の著書である。それに続いたのが、形態論を中心にすえた、構造主義の段階（Fleischer の基準的学術書）である。後 70 年代と 80 年代には生成文法に触発され統語論への立脚が続き、その後意味論（Lees, Kürschner）に基づくことになった。「語用論的転換」〈‚pragmatische Wende'〉後は応用的な、テクストに即した分野が有力である。そこでの基準的学術書はまだ存在しない。まだ流動的なものが多すぎるので、そういったものは生れていない。

　この第 3 版の作成の技術面では二人の女性協力者の多大な援助があった。Yvonne Grosch は当時まだタイプライターを使って書かれた第 2 版をスキャンしてくれたので、そのテクストの電算処理が可能になった。Ute Szczepaniak はこの第 3 版を印刷に向けて出版社の意向に添うようにしてくれた。両氏に心から感謝する。

1999 年 9 月　モンテカルロ　　　　　　　　　　　　　　Bernd Naumann
　　　　　　　　　　　　　　　　　　　　　　　　　　〈ベルント・ナウマン〉

0. 導　入
Einführung

　言語とは人間の相互作用の道具であり、それはきわめて複雑で、多くのレベルで機能するものである。私たちは、なかでも統語上の表現手段と語彙上の表現手段との間の選択の可能性を通して、自分たちの伝達意図の多様性ならびに変化に応じた、慣習化した表現形式を用いることにより、意思の疎通を図る。

　<u>語</u>の意味〈<u>Wortbedutungen</u>〉は、指示、賓述(ひんじゅつ)、相対化、評価に変容させたりする成分と共に、一定の規則に従った構造を持つ諸結合として文の意味となる。そして<u>文</u>の意味〈<u>Satzbedeutungen</u>〉は伝達、疑問、要求、指示、主張、警告、願望、依頼、感嘆、疑惑の表明などといったさまざまな発話行為〈Sprechakt〉の中で、<u>発話</u>の意味〈<u>Äußerungsbedeutungen</u>〉となる。

　語の意味、文の意味、そして発話の意味を個別およびそれらの複合した共演の形で記述することが意味論の課題である（これについては例えば Lutzeier 1985 と Schwarz/Chur 1993 の概説がある）。

　　　Wir sitzen alle in einem Boot.　〈私たちは全員が一つのボートに乗っている〉

という文ではすべての語に意味があり、その意味のアスペクトは<u>文法</u>〈<u>Grammatik</u>〉（とくに「構造語」〈‚Strukturwort'〉、つまりここでは *wir, alle, in, einem* のアスペクト）と<u>辞書</u>〈<u>Lexikon</u>〉（とりわけ「実語」

〈‚Vollwort'〉、つまりこの場合の *sitzen, Boot*) の中で記述される。シンタグマでは、これらの語は個別語〈Einzelwörter〉としてはもっていない補足的な意味をもつことになる。それらの語意は確かに文の意味に取り込まれるが、しかしかなり大きく変化する。例文のような慣用的言い回し〈idiomatische Wendungen〉では変化が一段と強く、非慣用的シンタグマ〈nicht-idiomatische Syntagmen〉では一段と弱まる。この文の意味は次の文の意味にほぼ等しいであろう。

Wir sind alle in derselben unangenehmen Situation.〈私たちは全員同じ不快な状況にある〉

発話の意味は発話場面〈Sprechsituation〉の要因に依るであろう。この文だとそれは「連帯の要求」とでもいったところであろう。

造語〈Wortbildung〉は、多様な表現手段の規則的な統合である。その大部分が単一語同士の結合（*Sommer/tag, Nach/sommer, Hoch/sommer*）あるいは単一語と造語形態素の結合（*glaub/haft, un/glaub/lich, Un/glaub/haft/igkeit*）である。要するに、造語は形態論〈Morphologie〉と語彙〈Lexik〉の領域に入るものである。造語によって新しい語が生じ、また生じてきたのである。それらの新しい語は、すべての個別語と同様に語意をもち、それらの語意が文の意味や発話の意味となるのである。つまり、造語は意味論のあらゆる問題、すなわち共時的・体系的な視点と通時的・歴史的な視点の下で、多種多様な表現手段とそれらの構造的意味〈Strukturbedeutung〉ならびに使用意味〈Gebrauchsbedeutung〉との間の関係に関わる問題を包含する。

1. 境界設定
Abgrenzungen

1.1 造語〈Wortbildung〉と語創造〈Wortschöpfung〉

（比較的新しい）言語学辞典では「造語」と「語創造」はこのように定義されている。

造語：現存する言語上の手段に基づいた新しい複合語〈komplexe Wörter〉の形成の際の手順と規則性の研究と記述（Bußmann 1983: 587）。

そしてさらに下で

語創造：現存の言語要素を用いた派生と複合による新造語〈Wortneubildung〉と異なり、語創造は、特定の意味のための（無縁の）表現として音の連続体〈Lautfolge〉を初めて使用することに拠る。(Bußmann 1983: 591)

造語〈Wortbildungen〉と比べて語創造〈Wortschöpfungen〉はつねに副次的な役割を果たしてきた。18世紀末および19世紀に入って、語彙の拡大のこの二つの可能性は言語の個体発生〈Ontogenese〉や系統発生〈Phylogenese〉と関連づけられるようになった。例えばJohann Christoph Adelungは「注意力が芽生え始めた子供たちや、まだ文化によって洗練されていない人たちが、自分たちの身に及ぶ新たな事柄のすべてを、それらが

1. 境界設定

彼らの眼前に初めて姿を表わした際に生じた音でもって表そうとする衝動をもつことが自然で抗し難いことは、経験上私たちの知るところである。一人にしておかれた子供は雌牛を *Buh*、小型の犬を *Baff*、大きな犬を *Hau* と呼んだりする。(...) 農夫の間には、彼らがまだ生の自然の状態に近ければ近いほど、粗野で、性急な、オノマトペを用いた話し方になる傾向がある。そこでこの種の語も共通方言においてきわめて豊富に存在することになる。」(1782, I: 189)。

Adelung はまだ歴史言語学を主唱してはいなかったものの、この点で彼の見解は 19 世紀の言語学の大部分を代表するものと言うことができる。その見解とはおよそこのようなものだった。

- 言葉は「自然音」〈‚Naturlaute'〉、すなわち動物の鳴き声や他の（自然の）物音から生まれた。
- 原始人から現代人までの人類の社会的な発展は、言語に反映されているように思われる。言語共同体が異なれば異なる。すなわち Adelung 流に言えば、都会の人間は「生の自然状態」に近い田舎の人に比べて語を創造することが少ない。
- 語創造から造語への言語の系統発生が個体発生にも現れる。すなわち子供の言語は原始人の言語と構造上比べることができるということ。(今日確かに子供たちは小型の犬を *Baff* とは言わないし、大型の犬も *Hau* とは言わないが、このことは本題と何ら関係がない。決定的なのは、語創造という事象そのものである。それによって例えばいくつかの動物が今日いろいろな言語で擬音上異なる名称をもつように、時代や場所が異なれば当然違った音形が生ずることがある。例えば次の表を参照されたい (Erlanger Nachrichten, 14.4.1984 より)。

Hermann Paul は、19 世紀末頃に今日なお版を重ねている自身の基準的学術書のなかで語創造〈Wortschöpfung〉をきわめて詳細に扱った。彼はそこで Adelung の見解を（Wilhelm Wundt の影響を受けて）言語心理学的に細分化したが、修正することはなかった。Paul にとっては、語創造とは

1.1 造語と語創造

	ドイツ語	スウェーデン語	英　語	フィンランド語	フランス語	日本語
雄鶏	Kikeriki	Kukkeliku	cook-a-doodle-doo	Kukkokiekuu	Cocarico	Kokkekokko
雌鶏	Gack-gack	Kakak	quack	Kotkotkoo	Cot-cot	koko
ロバ	Iah	Iih	hee-hiw	Iahu	Nihau	―
馬	Iaha	Ihahaha	hew-hiw	Huaha	Heuheu	hinhin
猫	Miau	Mjau	miaow	Miau	Miaou	nyannyan
犬	Wau-wau	vaff-vaff	bow-bow	hau-hau	Toutou	wanwan
カッコウ	Kuckuck	koko	cukoo	kukkuu	Cou-cou	kakko
子豚	Quiek	nöff-nöff	oink	piip	Cuic	bubu
雌牛	Muh	mu	moo	muuh	Meu	momo
羊	Mäh o.bäh	bä	baa	mää o.bää	Be-be	―
蛙	Quak	kvak-kvak	croak	kva-kva	Croa-croa	kerokero

「聞き手に対する音声の感覚的な印象と、音声を発生するのに必要な運動神経の動作が話し手に与える充足感」に基づくものである（[1880] 1975: 177）。語創造の系統発生〈Phylogenese〉は「神秘の闇」〈mystisches Dunkel〉（[1880] 1975: 174）に包まれていて、今日ではわずかに痕跡しか認められない。なぜなら、計り知れないほど多くの造語〈Wortbildungen〉によって原初的な語創造〈Wortschöpfungen〉がほぼ余すところなく駆逐されてしまったからである。「私たちがいったん習い覚えたこの大量の素材は、とくに多様な組み合わせや意味の転用〈Bedeutungsübertragung〉によってやすく拡大できるので、新しいものの並存を許さないのである」（[1880] 1975: 174 f.）。Paul にとっても確かなことは、子供たちが自ら語創造を通して言語を作り出すことができる、ということである。

　Adelung は間投詞〈Interjektionen〉を最初の語創造、すなわち言語の起源と捉えていた。Paul は間投詞を「既成の言語を豊かにする語創造〈Urschöpfung〉としての間投詞と、言語の創造〈Sprachschöpfung〉のそもそもの始まりである間投詞」（[1880] 1975: 183）とに細分している。従って彼によれば、苦痛、喜び、驚きなどの直接の表出が「言語創造」の名残かもしれなく、それに対して *herrje* あるいは *jemine* のような間投詞は「すでに形

― 15 ―

1. 境界設定

成された言語」から生じたものということになる。この場合、それぞれ *Herr Jesus* ないし *Jesu Domine* の短縮から生じたものである。つまり、元来「聴覚と視覚への突然の刺激に対する反応」([1880] 1975: 180) というのは、Paul によれば *plumps, husch, ratsch, schwapp, knacks, bums* などのような擬音の間投詞であって、*Krimskrams, ticktack, ritschratsch, schwipp-schwapp, piffpaff, bimbam, schnicksschnack* などのような間投詞の重複や、例えば（もちろん彼の見解では子供による創作ではなく、大人によって「教育上の理由」から子供たちに伝えられる）*Wauwau, Papa, Mama, Popo* などのような幼児語における重複ではないかもしれない。

　他の擬音語は、それらが一部既存の形式の形態論に従っているので、Paul のことばを借りれば単なる「部分的な語創造」〈,partielle Urschöpfung'〉([1880] 1975: 183) である。ここで彼の念頭にあるのは、とくに -ern と -eln に終わる動詞、例えば *poltern, knabbern, kichern, flustern, wimmern, räuspern, ballern, bollern, bumpern* および *bimmeln, dudeln, humpeln, munkeln, tätscheln, wabbeln, watscheln, torkeln, zischeln* である。しかしまた *platzen, planschen, klatschen, knutschen, knacken, pusten, quieken* などの別の形式も念頭に置いている。

　多くの彼の先人と異なり、語創造〈Ur- bzw. Wortschöpfungen〉を純粋に音声学的に動機づけられた音連鎖〈Lautketten〉とすることでは言語の発生は説明がつかない、と Paul は確信していた。無意識の音なら動物でも発することができるからである。これらの音表出〈Lautäußerungen〉は「動物言語」〈Tiersprache〉と呼ぶこともでき、動物のコミュニケーションではさまざまな機能をもつことが可能である。だが Paul によれば、それらは決して文とはなりえないため、人間の言語とは本質的に異なる。彼にとっては文を発する能力があって初めて、無意識の反応から内省への決定的な一歩となるのである。「それによって初めて直感から解き放たれ、現前しないものについて伝える可能性を人間は獲得するのである」([1880] 1975: 188)。

　ところが語創造とは対照的に、造語にはそもそも創造的なものがないかと

1.1 造語と語創造

いうと、そうではない。Bußmann が造語を正確だがきわめて一般的に定義しているように、「既存の言語手段に基づく新しい複合語〈komplexe Wörter〉の形成」は、間違いなく創造的な面をもった扱いの難しい事象である。この創造性〈Kreativität〉を段階づけることは難しいが、おそらく区分することは可能である。*Honighuhn, Speckflunder, Rotweineier* のような造語〈Bildungen〉(5.3 章を参照) は、料理法を一新するような構想の本に見られる通常考えられない添加物の組み合わせの言語表現である。この場合の創造性は、言語というよりむしろ料理法にある。こういった慣習化していない新造語〈Neologismen〉はそれらのテクストの拘束性〈Textgebundenheit〉によって意味が明らかになる。ここでは名称でなく、むしろ事柄が重要であるため、そうなっているのである。

慣習語の常備ストックに数えられる *Kerbtier, Festland, Stelldichein, Bittsteller, Stickstoff* のような造語の判断は違ってくる。これらの造語は、Jochim Heinrich Campe が *Insekt, Kontinent, Rendezvous, Supplikant, Nitrogen* に対応するドイツ語として 1800 年頃新たに形成したものである。そこに働いた創造性の度合いということになると、この場合通時態〈Diachronie〉に遡ってみないかぎり測定することはできない。Campe はこれらの外来語の表現をドイツ語に翻訳したのではなく、全く新しい造語を考案したので、その創造的な度合いはきっと最初のグループの例より高いはずである。それらの語は、今日言語共同体全員の共有財産となり、一部外国語の表現を (*Supplikant* を *Bittsteller* によって、*Nitrogen* を *Stickstoff* によって) 排除してしまうほど適切だと実証されたものである。

幼児語の新造語の創造性もまた違った判断が下されなければならない (6.1 章を参照のこと)。子供たち (とりわけ前学齢児童) はたくさんの即席造語〈okkasionelle Bildungen〉を作り出す。言語の体系内で形成されているので、いずれも可能である。*zermessern* と *zuschleifen* あるいは *Dichtgeschichte* や *Liebwort* のような造語は、子供の経験領域の中の事柄を表すために、ドイツ語の造語の可能性を試験的に利用した結果である。

これに匹敵するくらいぜいたくに造語が用いられているのが、Hans Jurgen Heringer の造語に関する研究論文である。*verbeispielen, reglig, verregeln, zernormen, Normschaft, Lanfwissen* (1984 b:1-13 を参照) あるいは *glaubwissen, donnerblitzen, raubkassieren, lachweinen, nebenunter, starktrotz* (1984 b:43-53 を参照) のような造語は、言語の規範に凝り固まった考えに対して、あるいは国語育成上の制限に対して、言語共同体の創造的な成員の造語の自由を喚起しようとするものである。

詩人たちの言語は、昔から言語に対する創造的な取り組みの手本に、また新造語の手本にもなっている。テクストがミクロ構造化されていればいるほど、すなわち「緊密に」〈dicht〉構造化されていればいるほど、そこに新しい造語が、すなわち密度の高い、いわば濃縮した発話が含まれている公算が大きい。

ここに挙げたどの例（それらはすきなだけ増やせるが）をとっても、創造性が一つの（そのつど異なった）役割を演じている。だが冒頭で引用した、一般に受け入れられた定義によれば、すべての例が造語〈Wortbildungen〉とみなされ、語創造〈Wortschöpfungen〉とはみなされない。つまり、それらはこの入門書の基礎資料となるべきものである。

ドイツ語の造語の体系的な記述を開始するに先立ち、さらに別の二点を対象外におかなければならない。すなわち、語を構成している部分のすべてが造語に関与するわけではないし、すべての品詞が造語論の対象となるわけではない。

1.2　造語と語クラス〈Wortklassen〉

造語に関する比較的新しい研究では、ほとんど名詞〈Substantiv〉、形容詞〈Adjektiv〉、動詞〈Verb〉といったクラスの造語しか見られない。なお付随して副詞〈Adverb〉の造語が記述されるが、それ以外のクラスの造語の記述はない。これにはそれなりの十分な理由がある。上述の3つ（ないし

4つ）のクラスに限ってそのストックに変化がある。そこでは絶えず数多くの新造語が生まれるが、そのうち慣習的になるのはほんのわずかで、たいていはその場かぎり〈okkasionell〉のままである（3.2章を参照）。(間投詞〈Interjektion〉というクラスのストックも変化するが、しかしそれは造語ではなく、語創造によるものである)。これらのクラスは言語形式の開いたストックを形成し、それらの慣習的な造語と共に辞書にリストアップされる。代名詞〈Pronomen〉、接続詞〈Konjunktionen〉、前置詞〈Präpositionen〉ならびに冠詞〈Artikel〉は閉じた形式ストックを成している。これらをその機能と共に文法の中で記述し、すべてリストアップすることは可能である。なぜならその数がほとんど固定しているか、あるいはここでの変化が非常に長期にわたるので、その変化が言語共同体の成員には無変化で数のうえで確定したものに思われるからである。ところが言語史家〈Sprachhistoriker〉はこれらの語クラスでも造語、すなわち派生と複合が存在したことを指摘することができる。代名詞のクラスからその例を一つずつ挙げることにする。

　相当数の代名詞はもともと接尾辞によって作られたものである。それらの接尾辞は形容詞の形成にも用いられたが、今日ではもはやそれ（＝接尾辞）とは判別がつかなくなっている。その一例がゴート語の所有代名詞 *mein(s), Teins, seins* の中に隠れているゲルマン語の接尾辞*-n、表記では *mein, dein, sein* としてわずかだけ変化して現代ドイツ語でも見出される形式〈Formen〉である。これらの変化にはもちろん表記から認識できる以上に重要な意味がある。つまり、ゴート語においては〈ei〉という表記は音価〈Lautwert〉[i:] を表している。そのためこれらの代名詞は古高ドイツ語と中高ドイツ語では *mîn, dîn, sîn* として現れる。表記上〈ei〉で表される音価 [ai] は、新高ドイツ語の二重母音化〈Diphthongierung〉によって初めて生じたものである。その結果ほとんど外面的に、新高ドイツ語の形式はゴート語の形式と（語尾と *pein* の初頭の *p* の違いを除いては）一致して見えるのである。

1. 境界設定

　代名詞の場合、複合語の方が接尾辞派生語〈Suffixableitungen〉より多い。例：現代ドイツ語の代名詞 *etlich* と *etwas* ならびに古形 *etwelch* と *etz-lich*（様態の副詞〈Modaladverb〉*etwa* もまた）は、ゴート語の代名詞の語幹 *hwa-* の諸形式ないし *etlich* の場合はゴート語の *leiks* と前ゴート語の *aip-pis（ゴート語の〈ai〉には音価［ε］がある！）からの複合語に遡る。古高ドイツ語ではこれらの複合語の第1成分は *eddes-* あるいは *etesa-* として、9世紀からは *edde-* および *ete-* としても登場する。古高ドイツ語および中高ドイツ語の代名詞は *ete-wer, ete-waz, ete-wâ, ete-lîh, ete-welîh* である。*ete-wer* という形式は16世紀に消滅し、他の形式は今日まで残っている。比較級形と最上級形のように見える現代語の代名詞 *selber* と *selbst* は、歴史的には接尾辞派生語でもなければ複合語でもなく、Wilmanns が言うように、例えば中高ドイツ語の *min　selber　herza*（=「私自身の心」〈mein eigenes Herz'〉、(*selber* という形式は女性単数2格で、強変化男性1格と同形である）のようにシンタグマ〈Syntagma〉から生じた「固定した」〈erstarrte〉2格である。*selbst* という形式は強変化男性ないし中性の2格 *selber* から生じたもので（シンタグマの例を挙げれば *mîn selber lip*）、これに「二次的な」〈sekundär〉-*t* が付け加えられたものである（*jemand, niemand, weiland, allenthalben* などのような現代語の語にも入り込んでいる）。これらの数少ない例からも明らかなことは、ほとんどの代名詞にもいわばそれ独自の「造語の運命」〈Wortbildungsschiksal〉があり、名詞、形容詞、動詞といったクラスの場合、および制約はあるが副詞の場合と違って、一般的な規則にすることがここではほとんど不可能だということである。こういった数多くの特殊な発展は、一つにはこれらの語の使用頻度から、もう一つはそのほとんどが非常に小さい音声体〈Lautkörper〉であることから説明がつく。その音声体は語史の発展を通じてずっと小さくなるため、完全に消滅しないように再三再四別の音声材料〈Lautmaterial〉によって補充されなければならないのである。

　それ故造語を体系的に記述するには、代名詞、接続詞、前置詞ならびに冠

詞はあまり適切ではない（間投詞も別の理由でふさわしくない。上記参照）ので、それらをここではこれ以上考慮しない。以下の2つの主要な章では、名詞、形容詞、ならびに動詞の造語に限定する（副詞も場所を限定せず取り上げる）。

1.3 造語と言語史〈Sprachgeschichte〉

　すでに前章で言語史を取り上げた。そこでここでは語からの造語と屈折の発生について述べることにする。19世紀前半の歴史言語学では、造語の接尾辞と屈折接尾辞の間は区別されなかった。両者の発生は同じように説明されたからである。すなわち、どちらも元来は独立した語であり、言語の歴史が進展するなかで初めて接尾辞になったもので、その不可避な中間段階が複合語の第2の部分としての位置であったという。これに基づけば、すでに非常に早い時期に語は他の語と結合することがあったということである。その結合の結果が合成〈Komposition〉、すなわち複合〈Wortzusammensetzung〉であった。多くの場合この複合語の第2の部分がなんらかの条件下で造語あるいは屈折の接尾辞になったのである。このようなことがいかにして起こりえたかを示すために、Hermann Paulはそれ以来造語の文献中にたびたび引用されるバイエルン方言の例を挙げている。例えばhammerという形式は動詞 *hab-en* とバイエルン方言の形式 *mir*（＝標準語の *wir*）における前接化した人称代名詞の1人称複数との複合から生じたものである。アクセントが原因となって、そこから今度はもはや複合語とは見分けることができない上記の縮約形〈kontrahierte Form〉 *hammer* が生ずる。その結果それはたいてい人称代名詞が付け加えられて、つまり *mir hammer* あるいは *hammer mir* といったように用いられることになる。

　2つの語幹（*Vater* と *geh-*）と屈折接尾辞（*-t*）から成る *Vater geht* のようなシンタグマは、原則的には元来独立した語幹の連続、つまりここでは例えば *Vater*＋*geh*＋*er* から発生したと Paul は考えた。屈折接尾辞も造語

1. 境界設定

接尾辞もなく、語幹ないしは語根しか存在しなかったインドゲルマン語の段階が私たちには残されていないので、それを言語史上裏づける資料は存在しない。Vater+geh+er というシンタグマから伝統的な Vater+geh-t への理論上要請される過程は、分析的な〈analytisch〉言語構造から総合的な〈synthetisch〉言語構造への発展、すなわち、いろいろな機能がいろいろな語に割り当てられている言語段階から、これらの機能が唯一の語に添付された接尾辞によって表される段階への発展(例えばラテン語にはその模範となるようなものがある:例えば amabimus という語にはここでは「語幹を形成する」接尾辞 -a- を伴う語幹 am-、時称の範疇(未来)-bi-、および数と人称の範疇 -mus が含まれている)であろう。実際 Paul や 19 世紀後半の他の歴史言語学者たちは、Jacob Grimm 同様、言語の発達をもはや総合〈Synthese〉から分析〈Analyse〉への直線的な過程とはせず、いろいろな目標方向をもつずっと複雑な過程としている。造語〈Wortbildung〉と屈折〈Flexion〉の発生は、文字通り分析から総合への過程である。ところが造語と屈折が存在するようになるやいなや、——インドゲルマン語に属するあらゆる言語の伝承された最古の言語段階で、すでにその双方が十分発達した形で存在するが——それらの発展方向にはずれが生じている。ゲルマン語においてはアクセントが原因で屈折接尾辞がますます消滅していき、その結果屈折はたいてい単なる一致〈Kongruenz〉の問題にすぎなくなり、文法範疇はますます分析的に表現されるようになる。一致というのは単に特定の要素の形式上の一致であり、文法上の機能を伝えるものではない。ich lach-e, du lach-st, er lach-t のようなシンタグマでは人称の本来の区別は代名詞にあり、屈折接尾辞ではそれが繰り返されるだけで、そのこと自体は不可欠というわけではないであろう。人称という文法範疇の分析的形式は、ここではいずれにせよ総合的形式よりも重要である。それに対して造語の接辞では、総合への傾向がさらに強まった。現代ドイツ語には多数の造語接辞があるが、屈折接尾辞はもはや比較的数が少ない。いつでも私たちは新しい造語接辞の発生を観察することができるが、新たな屈折形態素の発生はめったに観

1.3 造語と言語史

察できない。要するに、屈折と造語のこのまさに相反する発展ゆえに、言語史家のようにただそれらの発生だけを念頭において行うよりも、もっとはっきりと双方の領域を区別することが肝要である。

なお別の視点からみると、屈折と造語は言語史上異なる発展をしてきた。屈折接尾辞はすでにゴート語の時代と古高ドイツ語の時代において元来「語幹を形成する」〈‚stammbildend'〉接尾辞と文法範疇の担い手としての本来の屈折接尾辞とが融合した〈Zusammenfall〉結果である。(「語幹形成」接尾辞は、私たちが例えばラテン語の文法で知っているように、一定の動詞、名詞、あるいは形容詞を共通の特徴〈Merkmal〉をもったグループにまとめる類素性〈Klassenmerkmal〉である。そこには例えば *a-* 格変化〈a-Deklination〉、*o-* 格変化、*i-* 格変化などの名詞が存在する)。ゴート語の名詞 *dags, der Tag*〈昼間、日〉は例えば単数では次のように格変化する。

 主格　dag － s
 属格　dag － is
 与格　dag － a
 対格　dag － ϕ

屈折接尾辞 *-s, -is* および *-a* は、(資料による裏づけのない) ゴート語以前の語幹を形成する接尾辞の **-a* と、それぞれ屈折接尾辞 **-z* ないし **-s, *-izo* ないし **-ezo* および **-oi* との融合の産物である。つまり語幹形成接尾辞が屈折接尾辞と音声上結びついたことから、すでにゴート語においてその独自性は失われていたのである。どの屈折接尾辞も言語史の時代に語幹形成接尾辞と融合して大きく変化したのだ。造語の接尾辞ももちろん音声上の変化を受けたが、その規模は小さかった。それは、一つには造語接尾辞が屈折接尾辞より語の主アクセントに近いところにあること、つまり他より強調されるため、変化に対する抵抗力が強いからである。もう一つの理由は、屈折接尾辞と違って造語の接尾辞の機能を他の部分が分析的に引き継ぐことはでき

1. 境界設定

ないからである。造語には一致〈Kongruenz〉も存在しないので。

これらの言語史上の事象は現代語でも観察することができる。「今日の形態論は昨日の統語論である」(1971:413) というたびたび引用される有名なことばは Talmy Givón のものである。すなわち、総合的な言語形式は有史時代に分析的な言語形式から生じたものである。これが一回限りの事象ではなく、常に繰り返され、そのため現代語でも指摘できることを、例えば Otmar Werner が東フランケン方言を例にとって説き明かした。次の例はその Werner によるものである (1988:132)。

da habisn ksakt　　　（「そのとき私は彼にそう言った」）
da hastesn ...　　　　...
da hatersn ...　　　　...
da hamersn ...　　　　...
da habtersn ...　　　...
da hamsisn ...　　　　...

つまり東フランケン方言には、この標準ドイツ語のシンタグマと並んで、分析的な形式 *es ihm* を前接的に縮約した *-sn* に終わる総合的なパラディグマが存在する。このことは決して（分析的な）シンタグマから（総合的な）屈折が生じたことを意味していない。このような形式は、標準ドイツ語の規範力によって阻まれ、もちろん一般的なドイツ文法には受け入れられない。これに対して、比較的固定した標準語よりも実際多くの点で活発な話し言葉では、それらの形式は在庫目録の一部となっている。

造語形態素もこのようにして生じたものである。[liːk] と発音されるゴート語の名詞 *leik* は「肉体〈Leib〉、体〈Körper〉」を意味した。さらに形容詞の *leik-eins*「肉体の、体の」が存在した。短縮形〈Kurzform〉の *leiks* はすでにゴート語時代に複合語〈Zusammensetzungen〉を造るために用いられ、そのことでその機能に変化が生じた。*waíra-leiks*、発音は [wɛraliː

ks]、「男性＋肉体をもった〈Mann＋körperlich〉」＝「男らしい〈männlich〉」。西ゲルマンのすべての言語において、形容詞化の接尾辞、つまりドイツ語の -lich はそこから発展したのである。同じく現代語の接尾辞 -tum, -schaft, -heit, -sam, あるいは -haft も元来独立した名詞であった。それらの機能の交替も -lich と全く同じように説明できる。

　接尾辞がすべてこのようにして生じたかどうか、私たちには分からない。いずれにせよ、接尾辞はごく初期の実証可能な言語段階ですでに現れている。それらの接尾辞がかつての完全形〈Vollformen〉から生じたとしても、それは私たちが文字による証拠資料をもたない時代のことである。しかし、これが少なくともインドヨーロッパ諸語における一般的な発展であることは推測できる。そのわけは、言語のプロセスは画一主義の原理に則って不断の循環サイクルの形で繰り返されるからである。実際統語論から造語へのこの推移の経過は、現代語でもいわゆる「擬似接尾辞〈Suffixoide〉」あるいは「半接尾辞〈Halbsuffixe〉」(4.2章を参照)といった現象から読み取ることが可能である。Zeug という名詞を例に取ろう。ドゥーデンではこれは「特別の価値を認めないもの、多少の差はあれともかく無用とみなされ、そのためにその本来の名称で名指しされないもの」として記述される。この名詞は現代語において数多くの結合となっている。逆引き辞典は数百の結合をリストアップしている。例えば Schreibzeug, Badezeug, Feuerzeug, Flugzeug, Werkzeug, Fahrzeug, Bettzeug, Rüstzeug など。どの場合にも -zeug という語の部分には明確な意味が存在しない。いずれにしろ、ドゥーデンのこの名詞の記述に見られるような軽蔑的な〈pejorativ〉アスペクトはもはや存在しない。従って、-zeug が現代ドイツ語において名詞化の接尾辞であるということは、かなりの正当性をもつであろう。

　文献資料の存在する〈historisch〉時代にいったん生じた接尾辞のすべてが、現代語にまだ残っているわけではない。例えば古高ドイツ語の名詞接尾辞 -tago は sioh-tago (「長患い」), nackot-tago (「裸」), lam-tago (「麻痺」), wê-tago (「痛み」), sûm-tago (「遅滞」), veic-tago (「死」) などのよ

うな語に見られる。中高ドイツ語の時代にこの接尾辞はしだいになくなり、これに他の接尾辞（-tum, -heit, -nis）が入れ替わったり、あるいはそれに対応する形式に接尾辞のない実語〈Vollwort〉が取って代わったのである（*Schmerz, Tod*）。

　ゲルマン語の時代に女性の抽象名詞を形成し、生産性の高かった接尾辞 *-t* のように、確かに現代ドイツ語でもまだ見分けがつくが、もはや生産的ではない接尾辞が相当数存在する。接尾辞 *-t* は今日なお *Schrift, Fahrt, Naht, Flucht, Zucht, Sicht, Schlacht, Tracht, Tat* などの語に残っている。それに対して具象名詞の形成に用いられたインドゲルマン語の古い接尾辞 *-mo* は、現代語ではもはや見分けがつかない。それは *Saum, Zaum, Blume, Samen, Strom, Rahm, Darm, Baum, Keim, Schaum, Qualm, Atem, Lehm, Schleim, Traum* などのような語に存在する。一部ここには *-m* をもたない動詞の対応形、例えば *blühen* あるいは *säen* が存在するし、一部全く対応する動詞形がない、例えば *Darm* もしくは *Rahm*、一部それどころか *-m* をもつ動詞形、例えば *zahmen, stromen* さえも存在する。

　従って要約すると、次のケースが観察できる。

- かつての接尾辞が今日ではもはや識別できない（例：インドゲルマン語の *-mo*）。
- かつて生産的だった接尾辞が今日でもなお識別できるが、もはや生産的でない（例：ゲルマン語の *-t*）。
- かつての接尾辞が歴史的に観察可能な時代において別の接尾辞に取って代わられた（例：古高ドイツ語の *-tago*）。
- かつての実語が史的観察の可能な時代に発達して接尾辞になった（*-heit / -keit, -tum, -schaft, -sam, -haft, -lich* などの現代語の例）。

2. 造語：形態論
Wortbildung: Morphologie

　歴史言語学〈historische Sprachwissenschaft〉は、造語にとって重要な形式要素に対して語根〈Wurzel〉、語幹〈Stamm〉、語尾〈Endung〉、屈折綴り〈Flexionssilbe〉、前綴り〈Vorsilbe〉などのような専門用語を造り出した。それらの形式要素は、構造主義言語学のいろいろな方向から共時的観点の下で体系化され、厳密に規定された。これらの体系化が言語学によって記述された形式要素にほんの一部しか対応しなかったので、そのために新たな専門用語も造らなければならなかった。「言語の形式要素」の一般的な上位概念として借用されたのが、19世紀末頃にポーランド系ロシア人の言語学者 Jan Baudouin de Courtenay によって言語学の専門用語として使用された形態素〈Morphem〉という術語だった。フランスの構造主義では、この術語はのちに「語彙的」〈lexikalisch〉な要素に対する「文法的」〈grammatisch〉要素の名称に限定された。多様な方向をもつアメリカ構造主義においては、形態素は形式的かつ機能的要素の名称として包括的な意味を保持した。ところが形態素の種類の違いを区別するために、後に補足〈Zusätze〉によって術語を細分化せざるをえなかった。形態素分析の方法・問題・結果ならびに「語」という言語上の量〈Größe〉の定義については、ここではこれ以上議論せずに前提としなければならない（これについて詳細は Bergenholtz/Mugdan 1979: 12-28、そして造語にとって専門的なものは Fleischer 1982: 29-52, Erben 1983: 24 f. ならびに Fleischer/Barz 1992: 21-43 を参照）。

2. 造語：形態論

2.1 語構成の形態素類
〈Wortkonstitutive Morphemklassen〉

語を形成しているのは次の形態素類ないしは形態素類の結合〈Morphemklassen-Kombinationen〉である。

- 核形態素〈Kernmorphem〉および核形態素（基本形態素〈Grundmorphem〉とか基礎形態素〈Basismorphem〉とも呼ばれる）の結合、すなわち他の形態素を伴わず単独で〈frei〉現れ、語彙的意味をもつ、開かれた、数が固定していない類：*rot, schön, Haus, Frau* ...ならびに *blaurot, bildschön, Haustür, Hausfrau* ...。自由な核形態素と組み合わさり、特定の固定した結合〈Verbindungen〉となって、（数は少ないが）拘束の核形態素、いわゆる唯一形態素〈*unikale* Morpheme〉も現れることがある：*Him*beere, Schornstein, *Sint*flut など。語中の自由（または拘束）核形態素の数は原則的には無限であるが、一目瞭然でわかりやすくなければならない。明快で分かりやすいということは、またテクストの種類と関係がある。すなわちその度合いは、書き言葉のテクストの方が話し言葉のテクストよりも高い。

- 不変化詞形態素と不変化詞形態素の結合〈Partikelmorphemkombination〉、すなわち文法のなかですべて数え上げられ記述される、閉じたクラスの自由形態素、例えば *bei, auf, nein, doch, sehr, zu* ならびに *dabei, darauf, jedoch, wozu* ...。これらの不変化詞形態素の多くは造語過程にとって重要である、例えば *bei, auf, zu*。それ以外はほとんど重要でない、例えば *nein, sehr*。不変化詞形態素の結合の可能な数は核形態素の場合よりずっと少ない。2つの不変化詞形態素から成る結合しか存在しないが、ごく稀な場合3つの不変化詞形態素から成るものもある：*nichtsdestotrotz, nichtsdestominder*。

- 核形態素と派生形態素、すなわち拘束されてしか現れない造語形態素から

2.1 語構成の形態素類

成る結合、例えば Frei*heit*, Alter*tum*, *ur*alt, *Un*glück, *er*warten, *ver*stehen, recht*lich*, berg*ig* など。この結合の可能性は非常に大きい。1つまたは複数の核形態素が左側および右側に派生形態素を3つまで伴って現れることができる：Wirt*schaft*, wirt*schaftlich*, Wirt*schaftlichkeit*; *Ver*stand, *Ver*ant*wortlichkeit*, *Unver*ant*wortlichkeit*。ant- が現代ドイツ語において派生形態素であるかどうかは、もちろん疑わしい。ant- は *Ant*wort と *Ant*litz のほかに、*Ant*arktis, *Ant*agonist, *Ant*onym, *Ant*acid など、つまり外来の語基〈Basen〉をもった専門語〈Fachwörter〉にしか現れない。同じ意味の形態素 *anti* の現れる頻度の方がずっと高い。この意味で、もう1つ別の疑わしい形態素の結合が議論の対象となる。*urtümlich* と *Urtümlichkeit* という語において *tüm* という部分を派生形態素と解釈すると、ドイツ語には核形態素と派生形態素の結合だけでなく、派生形態素だけから成る結合も存在することになる。だがそれは意味論上無意味であろう。というのは、派生形態素は自意的〈autosemantisch〉形態素ではなく、共意的〈synsemantisch〉な意味しかもつことができないからである。つまり左にくる *ur-* や *un-* のように意味を相対化する働きをするか、例えば *-ig, -lich, -heit, -ung* などの右にくる形態素のように品詞を決定するか、または、まず形容詞という品詞を決定づけ、それに加えて多くの形容詞において系列造語的な意味をもち右にくる *-bar, -sam, -haft* などの形態素のように双方の働きをもつからである。しかしどの場合も核形態素の語彙的意味は相対化されるか細分化される。だが細分化だけというのは存在しない。いずれにしてもこのようなきわめて稀なケースを派生形態素の結合として、つまりこの場合 *ur-*, *-lich* ならびに *-keit* と、これらの派生形態素と結びついてしか現れない、そしてこれらと一緒になって「自然な」とか「非常に古い」という意味をもつ縛られた核形態素 *tüm* とから成る結合として解釈する方がよさそうである。Fischer (1985) はこのような拘束核形態素を「コンフィクス」〈Konfix〉と呼ぶよう提案した（4.4章を参照）。

- 核形態素と特定の不変化詞形態素から成る結合、例えば *Vorteil, Nebensache, anfangen, nachgeben* など。ここでは結合の可能性は前述のグループよりずっと低い。不変化詞同士の結合の可能性も限られているので、それは驚くに当たらない。よくあるのは、左にくる2つまでの不変化詞形態素と右にくる2つまでの核形態素の結合だけである：*gegenübersitzen, davorsitzen, hinuntergehen* など、*Vorabdruck, Zwischendurchmahlzeit, Voranzeige* など。

- 核形態素、不変化詞形態素および派生形態素から成る結合。ここではグループ3と同じように多様な可能性がでてくる。その段階は例えば *Vorverkauf* のようなそれぞれ一つずつの形態素から成る最も単純な結合の可能性から、例えば *Vorruhestandsregelung, Unvorstellbarkeit, Unvoreingenommenheit, Erfahrungsverhinderung* などのように左右にくる不変化詞形態素と派生形態素から成る複合した〈komplex〉造語にまで及んでいる。

　これら五つの結合可能性に従って造られている語は（不変化詞形態素だけで構成されている語は別として）、屈折形態素と結合することができる。屈折形態素それ自体は造語の一部ではない（2.2章参照）。階層的な構成要素構造として造語を記述（2.3章を参照）する場合は、つねに屈折形態素は枝分かれの枝の右節点を形成する。*jed-, ein(-), d-, dies-* などの代名詞形態素は、もっぱら義務的に屈折形態素と結びついて現れる。この代名詞形態素は、1-5のグループの造語の可能性とは異なった特殊なクラス〈Sonderklasse〉を意味する。そのため屈折形態素同様、代名詞形態素もドイツ語の語形成を体系的に記述するうえで重要ではない。

　屈折形態素と派生形態素をひとまとめにして呼ぶには接辞〈Affix〉という術語が用いられる。左にくる派生形態素は接頭辞〈Präfixe〉（一部造語文献では不変化詞形態素もいまだにそう呼ばれる）と呼ばれ、右にくるのが接尾辞〈Suffixe〉と呼ばれる。通常、語のうち屈折形態素を除いた部分全体

は語幹と呼ばれる。

[練習問題]
次の文の語の形態素分析をしなさい。
Literaturgeschichten resümieren und ziehen Bilanz.

2.1.1 不連続形態素〈diskontinuierliche Morpheme〉と融合異形態〈Portmanteau-Allomorphe〉

　多くの形態素結合〈Morphemkombinationen〉は、核形態素と屈折形態素の間に1つあるいはまた複数の派生形態素が現れることで実現する。造語の機能が表現面で核形態素の左右にきている2つの形式要素に割り振られた結果、不連続の形態素となるケースも存在する。現代ドイツ語でこれにあたるのは、とくに頻繁に現れる2つのタイプ、すなわちge-＋核形態素＋-eといった名詞、つまり *Gelache, Gesinge, Getue* などと ge-＋核形態素＋-t もしくは -en といった過去分詞の形をした形容詞、*gedient, gebrannt, geboren, gefangen* などである。これはそのような分詞形容詞から派生している名詞にもあてはまる。例えば *Geliebt+er, Gefangen+er* など。

　逆に表現面で分割できない全体として現れる形式部〈Formteil〉は、内容面で意味機能のほかに造語機能ももつことがある。この種の要素は一般に融合異形態という。Portmanteau（本来は「コート掛け」）という術語は第二次世界大戦直後アメリカの言語学者 Ch.F.Hockett によりこの形態論上の現象を表すために造られたものである。融合異形態という名称は、ときどき用いられる融合形態素〈Portmanteau-Morphem〉よりも適切である。なぜなら、内容上の機能の一部、すなわち語彙的意味は、表現形式が異なっていても同じだからである。いずれにしろここで紹介された解釈では、形態素がもともと内容・機能上定義されているので、同一の内容上の機能をもった現象形式はすべて異形態でなければならないからである。とくに問題なのは

「暗示的派生」〈implizite Ableitungen〉として記述される名詞である（例えば Fleischer/Barz 1992 年の至る所で。3.2 章も参照）、つまり *Wurf, Schuss, Biss, Trieb, Verdruss, Befund* などのような造語である。この種の名詞は同一の語彙的意味をもつほかの名詞の異形態である、つまり *werf / warf, schieß / schoss, beiß, treib, verdrieß / verdross, befind / befand* など。融合機能〈Portmanteau-Funktion〉たるゆえんは、唯一の形式要素が複数の内容機能を、ここでは「語彙的意味」と「名詞」を有することにある。

現代語ではこのような名詞の語幹のなかの母音ないしは母音の結合は、例えば *Wurf* あるいは *Schuss* のように、対応する動詞の過去形の一つの発音〈Lautung〉とはもはやすべての名詞において一致するわけではない。だがこれらの場合でも異形の形式〈allomorphe Formen〉と言うのが理にかなっている。このような形式のもつ異形というステイタスは、屈折と（語彙的な意味が変わらない）暗示的派生が「アイ・ピー（IP）」として表されることによっても明らかである（Bergenholtz/Mugdan 1979: 108-115 を参照）。例えば *werfen, warf, Wurf* といった系列の例で。

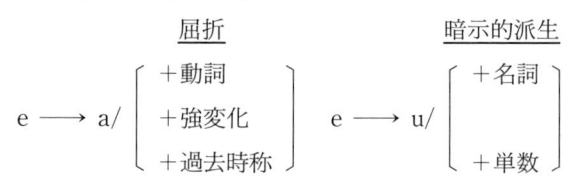

$$\text{屈折} \qquad\qquad \text{暗示的派生}$$

$$e \longrightarrow a / \begin{bmatrix} +\text{動詞} \\ +\text{強変化} \\ +\text{過去時称} \end{bmatrix} \qquad e \longrightarrow u / \begin{bmatrix} +\text{名詞} \\ \\ +\text{単数} \end{bmatrix}$$

[練習問題]
Binde, Band, Bund, Bündel, Gebinde の造語を分析しなさい。「暗示的派生語」はこのうちどれでしょうか。

2.1.2 ゼロ要素〈Nullelemente〉と造語タイプ〈Wortbildungstyp〉„品詞転換〈Konversion〉"

ゼロ要素を用いていろいろな方向の構造言語学が長い間研究に取り組んで

2.1 語構成の形態素類

いるが、しかしそれらの方向に決して異論がなかったわけではない。比較的古い研究文献（例えば Meier 1961 あるいは Kastovsky 1969、さらに Fleischer 1982: 43）でごく一般的にゼロ形態素〈Nullmorphem〉と言われる一方、今日ではもっと厳密にゼロ異形態〈Nullallomorph〉とゼロ形態素〈Nullmorphem〉の間が区別される（例えば Bergenholtz/Mugdan 1979: 67-71）。要素 ϕ が音声上具現された異形態をもたない場合だけ形態素と言われる。ゼロ異形態とゼロ形態素の設定の違いは、名詞の屈折を例に示すことができる。ゼロ異形態を仮定すると、同じ格の形式の対応を明らかにするには、例えば単数4格におけるように若干の形式はゼロ要素をもつことになる。

    den Mann+ϕ　　　　対：den Mensch+en
    4格単数　　　　　　　　4格単数

それに対してゼロ形態素を仮定することによって、音声的に具現されない単数を特徴づけるために、ドイツ語の名詞の単数形はすべて補足的なゼロ要素をもつことになる。

    den Mann+ϕ+ϕ　　　対：die Männ+er+ϕ
    4格単数　　　　　　　　4格複数

この場合、「単数」の機能をもった要素 ϕ には音声的に具現された異形態がない。従って形態素である。*den Mann*+ϕ+ϕ という形式には、異なった形態素のステイタスと異なった意味をもった二つのゼロ要素が並存している。確かにこれに問題がなくはない。もちろんゼロ形態素に代わって、丸括弧で表わすことができる「無」〈‚Nichts'〉を設定するという――その結果、上の形式はこのように表されるであろう：*den Mann*+( )+ϕ――Bergenholtz/Mugdan によって提案されたこの代案（1979: 70）も同じく問題であ

2. 造語：形態論

るように思われる。このような解決法だと、一つには φ が異形の変異体である場合、「何か」が φ と対立する。もう一つは、この「無」が形態素のステイタスを持っている場合は、（この「何か」は）「無」に対立する。このような問題を避けるために、現代ドイツ言語学では一般にゼロ異形態としか言わない。つまりゼロ形態素というさらに踏み込んだ、しかも一層極端に走った仮定は受け入れられていない。

品詞転換という議論の余地を残す造語タイプにとっては、ゼロ要素は重要である。記述的な造語文献では、品詞転換という術語の使い方に違いがある。Henzen (1957: 245) はこれを「基本形のままの語の品詞交替」としている。Erben は「統語上の品詞転換」〈syntaktische Konversion〉と言っている。これは「基礎語形の屈折形態素も保持されている」場合に存在するということである (1983: 27)。Fleischer/Barz (1992: 48) は「（純粋の）品詞転換とは、…幹母音の変化あるいは接辞の付加なしに、潜在的な意味上の特有な発展と語彙化を伴った語とか語群あるいは文（この場合［単］一語化〈Univerbierung〉）の統語上の品詞転換〈Transposition〉である」と定義している。実際何が適切かをめぐる議論はこれで十分かと思われる。最適な定義と思われるのは Peter von Polenz のものである。彼は品詞転換を「辞書のなかで別の統語上の終端範疇〈Endkategorie〉用に予定された内容素類〈Pleremklasse〉（品詞）から内容素を使用する」(1980: 170) 際に起こる品詞の交替〈Wortartwechsel〉と理解している。彼は *Hamster > hamstern, hurra > das Hurra, Werbetext > werbetexten* という例を挙げている。

この品詞交替の際に派生形態素が現れない（また融合異形態も問題にならない）とまで von Polenz の定義を拡大すれば、それは品詞転換の記述のためにうまく用いることが可能である。さらに例を挙げるなら、

  schauen > (die) Schau
  lahm   > lahmen
  Fisch   > fischen

2.1 語構成の形態素類

| leben | > | (das) Leben |
| Freund | > | freund（形容詞） |

標準語に属さない造語もまたこちらに入る。つまり例えば、

zu	>	ein *zu-es Wirtshaus
Klasse	>	ein *klasse-s Auto
ab	>	ein *ab-es Bein

（Henzen が主張の論拠として述べているような）形式上の変化が一切ないことも、屈折形態素を保持していることも（Erben 1983: 27；このように限定すると可能な品詞転換の数は厳しい制限を受けることになり、名詞化された不定詞しか残らないであろう）決定的なものでなく、実際特定の品詞への特定の核形態素の特別な帰属である。この特別な帰属とは、品詞転換という事象により、形式的な造語手段を使用しないで他の屈折形態素と結合してその変更が可能となるものである。この記述の前提となるのは、例えば /lahm/、/hamster/、/schau/ もしくは /zu/ のような形態素のそれらの品詞への帰属が、付加される造語形態素と屈折形態素だけで決定されているのではなく、すでにそれ自体のもつ意味からして品詞特有〈wortartspezifisch〉であるからだという考え方である。こう解釈すると、ゼロ要素、すなわちゼロ形態素あるいはゼロ異形態としての仮定は必要不可欠でなくなる。品詞転換とは、辞書においてこれらの核形態素のために想定されていない屈折形態素と品詞特有な核形態素との結合である。この結合が造語要素を用いない品詞の交替を引き起こすのである。

（*Dankeschön, Vergissmeinnicht, Vaterunser, Dreikäsehoch* などのような造語は、ここでも造語要素を用いない造語が起こっているが、品詞転換と呼ぶべきではないであろう。これについては 4.1.3 を参照）。

品詞転換、ゼロ派生〈Nullableitung〉、および統語的範疇組替え〈Umkategorisierung〉といった問題領域に対するまったく新たなアプローチを Vogel (1996) が提示している。彼女は形式的にではなく、機能的・普遍言語的に、形態論上の自然［理］論〈Natürlichkeitstheorie〉の枠内で論拠を挙げている。彼女によると、「名詞‐動詞‐言語」〈„Nomen-Verb-Sprachen"〉注1、例えばドイツ語では品詞はしっかりと語彙素〈Lexeme〉に結びついているのに対し、例えば英語のような「名詞性‐動詞性‐言語」〈„Nominalitäts-Verbalitäts-Sprachen"〉では、構想の中立性〈Konzeptneutralität〉と多機能性〈Multifunktionalität〉が支配している。ここではたいてい1音節の語彙素は原則的に動詞または名詞としての機能を果たすことができる。

　名詞‐動詞‐言語では、品詞転換は統語的範疇組替えでしか可能でない。その結論は「そういうわけで統語的範疇組替えと派生〈Derivation〉は名詞‐動詞‐言語に特有なものと見なすことができる。これに対して品詞転換は多機能性に結びついた現象で、名詞‐動詞‐言語から名詞性‐動詞性‐言語への途上で現れるものである」(1996: 274)。従って、ドイツ語はまだ英語ほど発展していないので、ドイツ語に対しては「品詞転換」という術語の使用は避けて、「統語的範疇組換え」に譲る方がよいであろう。

［練習問題］
次の造語のうち、どれが品詞転換として記述できるでしょうか。
erblinden, befreunden, Taugenichts, kurzerhand, flugs, angeln, tischlern.

2.1.3　接合要素〈Fugenelemente〉

　とくに複合名詞では、通時的には一部かつての屈折形態素の名残と説明される要素が核形態素の間に入る：*Lehrer＋s＋witwe, Kind＋er＋wagen, Frau＋en＋haus* など。ところがこのような接合要素はその大部分が屈折の名残ではなく、（おそらく！）音調を良くする〈euphonisch〉ために置かれ

2.1 語構成の形態素類

るものであろう：*Arbeit＋s＋amt, hoffen＋t＋lich, Scwein＋e＋braten* な
ど。外来語では *o* と *i* が現れる：*Kristall＋o＋grafie, Strat＋i＋grafie*。
反対に、接合部で要素が脱落することもある: *Schule* 対 *Schulkind, Frieden*
対 *Friedhof* (民間語源〈Volksetymologie〉の問題はここでは考慮しない
でおく)。また地域的な違いもある：*Schweinebraten* (どちらかといえば
北部ないし標準ドイツ語) 対 *Schweinsbraten* (むしろ南部とオーストリ
ア)。一連の機能の可能性が議論の対象となる (これについては Matussek
1994: 40 を参照)。

- 例えば *Perdestall, Bilderbuch, Lichterglanz, Nachrichtenmagazin, Frauenhaus* のように幾つかの造語〈Wortbildungen〉では、接合要素は明らかに複数の機能をもつ。もっとも複数関係は、例えば *Bildband, Buchladen, Kuhstall* においては表されなければならないわけではない。
- 別の場合、複数のように見える接合要素は明らかに単数の機能をもっている、例えば *Hühnerei, Eierschale, Gänseleber, Schweinebraten, Kirchenbesuch, Kinderwagen*。
- また別の場合には、そのときどきの用法で単数あるいは複数関係が存在するのかどうかはっきり決められないことがある。例えば *Hundemarke, Kinderschwester, Treppenhaus* において。

これに非常に似通った状況にあるのが2格に見える接合要素である。*Lehrerswitwe* のような語には明らかに単数2格の機能が存在するが、*Bischofskonferenz* の場合にはそれがあてはまらない。ここでは例えば *Konferenz der Bischöfe* のように、別の、すなわち複数のシンタグマ〈Syntagma〉が基礎になっている。ところが *Hühnerknochen* とか *Tageszeitung* のような語では、複数にしろ単数にしろ2格のシンタグマが基礎にあるかもしれないが、そうでなければならないということではない。

時折、例えば *Waldrand* 対 *Waldesrand* あるいは *Berghöhen* 対 *Bergeshöhen* のような対語にあっては、詩的機能のようなものが存在する。少数の

対語では接合要素に示差的な機能がある。*Landmann*〈農夫〉対 *Landsmann*〈同国人〉, *Kindbett*〈産褥〉対 *Kinderbett*〈小児用ベッド〉, *Volkskunde*〈民俗学〉対 *Völkerkunde*〈民族学〉において。*Sporthilfe* 対 *Arbeitshose*, *Cordhose* 対 *Mordshunger*, *Leibgurt* 対 *Diebsgesindel* では、同一の音声環境でありながら接合要素があったりなかったりするので、好音調の〈euphonisch〉機能を実証することは困難である。人工語〈Artefakt〉による経験的な調査でもここでは有用な結果がほとんど出ていない。接合要素の使用は一般に規制がないように思われる。第1構成要素として *-heit*, *-ung*, *-schaft*, *-(l)ing*, および *-tum* といった派生接尾辞を伴った語から成る複合語だけが系列造語的な作用をもつので、人工語の場合でも接合要素の使用を引き起こすように思われる。これに対して *-ik* あるいは *-ur* に終わる語から成る複合語では無いに等しい。

　このような要素を明確に定義できる機能が見つからないので、——「接合」〈,Fuge'〉は機能として十分でない—— 一般に「接合形態素」〈,Fugenmorpheme'〉とは言わず、中立的に「接合要素」〈,Fugenelemente'〉と呼ばれる。

[練習問題]
Fleischer/Barz（1992: 136 ff.）を参考に現代ドイツ語で用いられているすべての接合要素をまとめなさい。

2.2　造語〈Wortbildung〉と屈折〈Flexion〉

　「派生接尾辞は語を形成し、屈折〈Flexionen〉は語形〈Wortformen〉を形成する」と Wilmanns（1896:9）は言明するとともに、造語と屈折の間の主な違いを記述した。インドゲルマン語では、派生接尾辞と屈折接尾辞は語幹〈Wortstämme〉もしくは語幹のもはやそれ以上分析できない歴史的基本形〈historische Grundformen〉である語根〈Wortwurzeln〉につく。

2.2 造語と屈折

現代語の語幹 sag-(語根:*seku-)を例にとると、この区別を用いて例えば次の語および語形が確認できる。

語〈Wörter〉			語形〈Wortformen〉			
	sag	(-en)		sag		-e,-en,-st,-t,-te
an-	sag	(-en)	an-	sag		-e,-en,-st,-t,-te
vorher-	sag	(-en)	vorher-	sag		-e,-en,-st,-t,-te
(un-)	sag	-bar	(un-)	sag	-bar	-e,-er,-es,-em,-en
vorher-	sag	-bar	vorher-	sag	-bar	-e,-er,-es,-em,-en
un-	säg	-lich	un-	säg	-lich	-e,-er,-es,-em,-en
	Sag	-e		Sag	-e	-n
An-	sag	-e	An-	sag	-e	-n
Vorher-	sag	-e	Vorher-	sag	-e	-n
An-	sag	-er	An-	sag	-er	-n,-s
Un-	sag	-bar-keit	Un-	sag	-bar-keit	-en
Un-	säg	-lich-keit	Un-	säg	-lich-keit	-en

　左欄の語は特定の語クラス〈Wortklassen〉、ここでは動詞、形容詞および名詞にまとめられる。右欄の語形は文法の屈折範疇、ここでは動詞の場合は人称、数、時称および法、名詞と形容詞では数と性を表す。

　語と語形のこの比較対照によってもう一つの違いが明らかになる。この違いにすでに Wilmanns も注意を喚起している。「屈折は、ごく新しい接尾辞があってもつねに最後の位置を守り通すことで、位置においても他の接尾辞と異なる」(1896:9 f.)。つまり、語幹には左右同時に、あるいは片方にまず造語の接尾辞が、(例えば *sag-bar*, *Un-sag-bar-keit* の場合)一つもしくは複数つく。右にくる接尾辞が、ある語がどの語クラスに属するかを決定する。そして屈折範疇は、補足的につねに右の一番外側、つまり語の末尾にくる屈折接尾辞で表示される(歴史言語学で、屈折語尾が語尾とも呼ばれたのはこ

のためである)。

　このように規定することでほとんどすべての語形が適切に記述できる。ごく少数の場合だけこれが当てはまらないことがある。例えば *Kind-er-chen/-lein* のような若干の複数形の場合である。ここでは文法上の数(複数)を表す屈折接尾辞 -er が末尾でなく、語幹と造語接尾辞 *-chen/-lein* の間にきている。(言語史家の Wilmanns にとって、このことは *-er* に終わる複数がドイツ語の他のすべての複数接尾辞より言語史的に新しいということの間接証拠となる)。ところが *-chen/-lein* に終わる語の大部分は、語幹が単独で複数において *-er-* という接尾辞をもつとしても、それらの複数形を Kind のようにつくらず、接尾辞なしでそれらの複数形を形成する。例えば *Weib: das/die Weibchen; Haus: das/die Häuschen; Mann: das/die Männchen; Wort: das/die Wörtchen* など。複数という範疇はここでは冠詞の形でしか表されない。*Kind-der-chen* という形式のほかに同じ意味で *das/die Kind-chen* というのも存在する。*Kind-er-chen* のようなケースの接尾辞 *-er-* は、共時的な観点のもとでは屈折接尾辞〈Flexionssuffix〉としてでなく、「接合要素」〈‚Fugenelement'〉として説明される (2.1.3章を参照)。

　上に述べた基準により造語と屈折の間には明確な境界線を引くことができるが、私たちの文法書ではそれが一部薄れてしまっているように思われる。それで例えば分詞〈Partizip〉と比較変化〈Gradation〉は、双方とも語形を形成するのではなく、分詞あるいは比較変化した形容詞としてのステイタスをもたらす接尾辞に加えて、さらに屈折接尾辞をとる語を形成するにもかかわらず、伝統的には造語ではなく、屈折の領域に数えられる。

2.2 造語と屈折

語　幹	比較変化	格/数
klein	-er- -st-	-e,-es,-er,-em,-en
	分詞	
mach	-end- ge-＋-t-	
	造　語？	屈　折？
	あるいは：屈　折？	

　このような形式上の分析は、比較変化および分詞を造語として分類〈Klassifizierung〉するうえで明らかに有利なように思われる。仮に屈折をつねに一つの形態素だけに、すなわち一番右の外側にある形態素に限るならば、おそらく伝統的な言語学でもそのように分類したであろう。残念ながら、次の例が示すようにそうではないのである。

語　幹	時　称	人　称/数
mach	-t-	-e, -est, -et, -en
	屈　折	

　ここでは昔からこの二つの形態素類は屈折要素として、すなわち時称を表すための屈折形態素および人称と数を表すための屈折要素とみなされている。動作主名詞〈Nomina agentis〉と動作名詞〈Nomina actionis〉の形式上の関係は、比較が可能である。ただしこの文法記述では、造語と屈折とを分ける方向がとられている。

2. 造語：形態論

語　幹	動作主名詞 動作名詞	格/数
Lehr Fehl	-er-	-s, -ϕ, -n
	造　語	屈　折

　　構造分析と今日なお影響力のある文法記述の伝統は、この問題に関して異なる結果を生んでいる。屈折と造語の間の境界は不鮮明のように思われる。Wilmanns によれば、「屈折接尾辞が屈折体系の連関から抜け出て、造語の手段として登場して」(1896: 9) 初めて、またその場合のみそれら屈折接尾辞は造語にとって有意味となる。この場合とくに彼の念頭にあるのは、例えば *flugs, morgens, winters, anfangs, behufs, betreffs, teils, mittels, zwecks* などのような -s に終わる副詞である。これらの語は、2格の形がもはや屈折形とは感じられなくなり、副詞を形成するための造語要素となったことで、副詞となったものである。それだからといって Otto　Jespersen は Wilmanns とは異なり、「この区別を根本的なものとは私は認めない」(1942: 4) と主張した。

　　第3の可能性は 1985 年に Joan Bybee が紹介するものである。彼女によれば（派生としての）造語と屈折との間には背反関係〈Ausschließlichkeitsverhältnis〉でなく、連続［体の］関係〈Kontinuumsverhältnis〉が存在することになる。従って派生は屈折よりも不規則なので、シンタクスよりレキシコンに近い。屈折範疇はつねに具現されなければならないが、それに対して派生範疇には選択の可能性が存在する。どの文にも格、数、人称、時称、法などのような屈折範疇の使用が余儀なくされる。それに反して、造語を用いるかシンタグマを用いるかは任意〈fakultativ〉である。*Die Frau des Pfarrers spielt auch die Orgel* に対して *Die Pfarrersfrau spielt auch die Orgel* あるいは：*Diesen Stuhl kann man zusammenklappen* に対して *Dieser Stuhl ist zusammenklappbar*。文法範疇、つまり

屈折範疇は Bybee に言わせると広く普遍的〈universal〉であるのに対して、造語の可能性は個別言語および文化に依存するところが大きい。屈折形態素の方が全般的であり、派生形態素の方は語幹にとって一段と有意味なものである。すなわち発話〈Rede〉のなかでは、語形変化する語幹はいずれも、ごく一般的に言えば、対応する屈折形態素と結びつかなければならないが、派生形態素はそのいずれもがすべての語幹と共に用いることができるわけでない。*beginnen, Held, schlecht* のような動詞、名詞、および形容詞は、発話のなかで、動詞ないしは名詞類の、それぞれ対応する屈折形態素と結合されなければならない。それらの屈折形態素には自由に使用できる総目録〈Gesamtinventar〉が存在する。だがこの三つの例は総目録のすべての派生形態素と結びつくわけでは決してない：**beginnbar*, **Held-chen*, **un-schlecht*。屈折現象と派生現象を文法上の特徴と語彙的な特徴に従って分類すると分かることは、屈折と造語の間の境界が不鮮明だということと、実際両者の間には連続的関係が存在すること、そして線引きが結局個人の判断にゆだねられた問題だということである（このことについては Vogel 1996 も参照）。

2.3　形態素の階層的結合としての造語

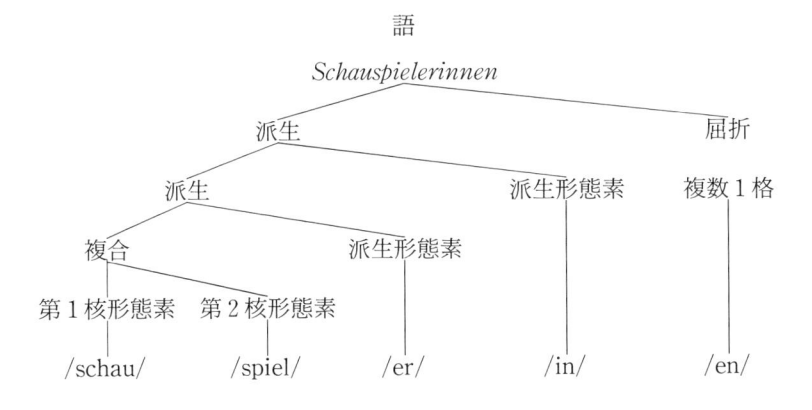

語
Schauspielerinnen

派生　　　　　　　　　　　　　　　屈折

派生　　　　　　派生形態素　　　複数1格

複合　　　派生形態素

第1核形態素　第2核形態素

/schau/　　/spiel/　　　/er/　　　/in/　　　/en/

2. 造語：形態論

　造語〈Wortbildungen〉は文のように形成の階層を表すと同時に、屈折形態素がつねに最上位の分枝〈Verzweigungsast〉の後、つまり本来の造語の外にくることを明らかにする構成素構造樹〈Konstituentenstrukturbaum〉として表すことができる。

　この構成素構造樹は、この語が次のような段階を踏んで形成されたという解釈に基づく。

1. 複合：*Schau*＋*Spiel*
2. 派生：*Schauspiel*＋*er*
3. 派生：*Schauspieler*＋*in*

　純然たる形式から言えば、ここでは段階1と2を逆にすること、つまり次の構成素構造樹による解釈も可能であろう。

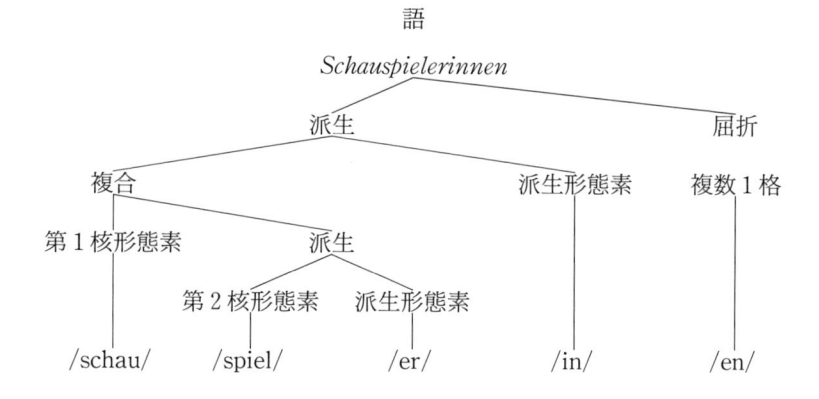

```
                    語
              Schauspielerinnen
           ／派生＼            ＼屈折
        ／      ＼           ＼
     複合      派生形態素    複数1格
    ／＼         ／＼           ｜
  第1核形態素  派生            ｜
    ｜      ／＼               ｜
    ｜   第2核形態素 派生形態素  ｜
    ｜      ｜        ｜        ｜
  /schau/  /spiel/   /er/     /in/   /en/
```

　この解釈だと、この語は以下の段階を踏んで形成されたことになるであろう。

1. 派生：*Spiel*＋*er*
2. 複合：*Schau*＋*Spieler*
3. 派生：*Schauspieler*＋*in*

2.3 形態素の階層的結合としての造語

　ところが、意味上の理由からこの段階形成はありえない。*Spieler* という名詞が複合語 *Schauspieler* におけるそれとは異なった意味特徴をもっているからである。そうだとすると、独立した名詞としての *Spieler* と *Schauspieler* の第 2 成分としての *Spieler* との間の意味変化を認めなければならないであろう。これに対して、1)複合　2)派生　3)派生という段階付けは意味の変化を必要としない。他の多くの場合と同様に、この -*er* に終わる名詞は左に来ている複合名詞の動作主名詞である。(もちろん共時的な分析では問題にならない歴史的な調査結果によって、この解釈は裏付けられる。つまり *Schauspiel* という語は 15 世紀以来存在するが、*Schauspieler* という派生語は 16 世紀に入って初めて裏付けられる)。

　構成素構造の観点からすると、複合語と派生語は原則的に同一の階層的構造をなしている。派生語と複合語を比べてみれば、それらの要素がいくつあっても、このことは明らかである。

1. 要素が 2 つ

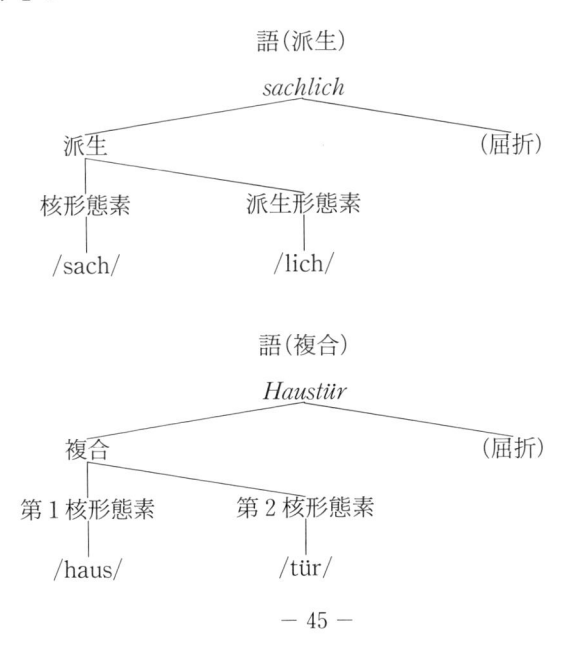

```
             語(派生)
             sachlich
          ／          ＼
        派生          (屈折)
       ／  ＼
   核形態素   派生形態素
     │          │
   /sach/      /lich/


             語(複合)
             Haustür
          ／          ＼
        複合          (屈折)
       ／  ＼
  第1核形態素  第2核形態素
     │          │
   /haus/      /tür/
```

2．要素が3つ

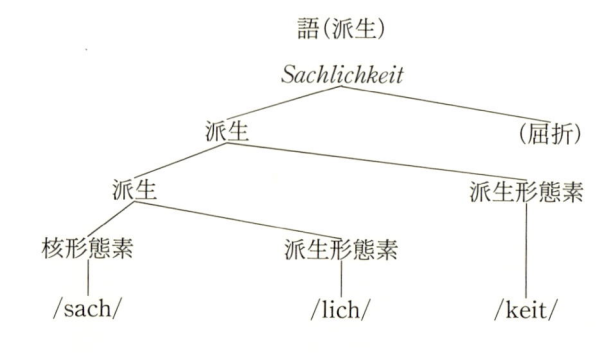

語（派生）
Sachlichkeit

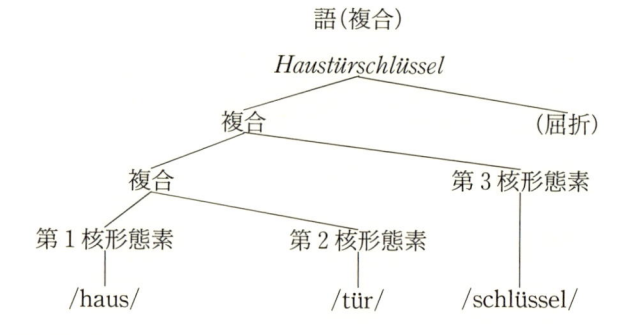

- 派生
  - 派生
    - 核形態素 /sach/
    - 派生形態素 /lich/
  - 派生形態素 /keit/
- （屈折）

語（複合）
Haustürschlüssel

- 複合
  - 複合
    - 第1核形態素 /haus/
    - 第2核形態素 /tür/
  - 第3核形態素 /schlüssel/
- （屈折）

3．要素が4つ

語（派生）
unverkäuflich

- 派生
  - 派生形態素 /un/
  - 派生
    - 派生
      - 派生形態素 /ver/
      - 核形態素 /käuf/
    - 派生形態素 /lich/
- （屈折）

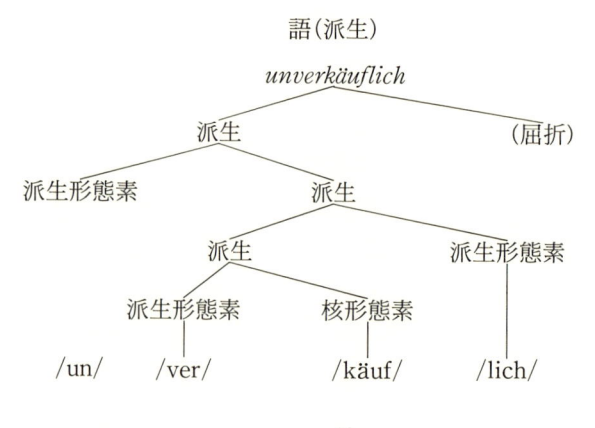

```
                    語(複合)
              Großschiffahrtsstraße
                   複合          (屈折)
            複合              第4核形態素
       第1核形態素    複合
                  第2核形態素  第3核形態素
       /groß/    /schiff/   /fahrts/   /straße/
```

(/fahrts/ における接合要素 -s- については 2.1.3 章を参照)

　構成素構造がこのように一致するため、唯一の造語タイプ、すなわち異なった形態素の「結合」である造語タイプと考えて、接頭辞添加〈Präfigierung〉、派生〈Ableitung〉、および複合〈Zusammensetzung〉といった歴史的言語学がとった3分法、もしくは構造主義の形態論における派生と複合〈Komposition〉への2分法もとることがなくなっている。

[練習問題]
Urgroßväter, Verträglichkeiten, Satzpronominalisierungen といった語の構成素構造を示しなさい。

2.4　短縮語の形成〈Kurzwortbildung〉

　造語要素と核形態素との結合は多様な方法で可能であり、しかも大量に現れる。現代ドイツ語でこういった結合（および品詞転換〈Konversion〉といったずっと重要性の低いタイプ）にますます比肩するようになってきているのが、もう一つのタイプ、すなわちいろいろな形成方法による短縮語

〈Kurzwörter〉である。もちろんこのタイプが新造語になるのは二次的でしかない。例えばイニシャル語〈Initialwörter「頭字語」とも〉が実語〈Vollwörter〉になって短縮語の性格が失われた場合である。もっともよく知られる例は、ひょっとしたら今日ほとんどの言語使用者がもはや(「後天性免疫不全症候群」〈‚aquired immunity deficiency syndrom'〉からの)イニシャル語と気づかず、実語ととるかもしれない *Aids* という語であろう。生成のもととなった4つの語を知る人はほとんどいないが、*Aids* が何を意味しているかはだれでも知るところである。*Nato, Edeka, Laser, Radar* などのような語も同様である。レーザーが‚light amplification by stimulated emission of radiation' から生じたものであることを、何人かの専門家を除いては誰が知っているだろうか？　それを知る必要もない。というのは、その意味が一般に知られている本来のイニシャル語が、いつとはわからぬずっと以前に実語としての独自の存在になってしまっているからである。

　短縮語も条件つきであれば形態論の領域に属する。*Lok* のように語として分割されるのが形態素でなく、話音節〈Sprechsilbe〉であることがよくあるからである。*Lokomotive* という完全形〈Vollform〉の形態素の境界は *Loko-* と *-motive* の間にある。すなわち形態論上の原則から言えば、この短縮語はもともと *Loko* というべきだろう。ここでは言語使用者が形態素の境界よりも話音節の切れ目〈Zäsur〉の方を強く意識していることが明らかである。*Akku*（*Akkumul-ator* から）あるいは *Limo*（*Limon-ade* から）のような略語〈Abkürzungswort〉も同様である。

　ほとんどの短縮語は新造語でなく、既存の語の単なる短縮形〈Kurzformen〉であり、その限りでは二次的にしか造語に属さない。とくに左方と右方の短縮語、およびイニシャル語もしくは略語が存在する。

2.4.1 左方の短縮語と右方の短縮語
〈Links- und rechtsseitige Kurzwörter〉

ここでは通常左または右にくる要素が完全形の代わりをする。この完全形は確かにまだ使えるが、その使用は稀である：(*Oberkellner* に代わって) *Ober*,（*Automobil* に代わって）*Auto*,（*Fotografie* に代わって）*Foto*, ないしは（*Eisenbahn* に代わって）*Bahn*,（*Regenschirm* に代わって）*Schirm*,（*Schallplatte* に代わって）*Platte*。左と右にくる要素の結合もある。例えば、一般に日常語でたまに用いられる語 *Krad* がそうで、これは *Kraftrad* から生じたものである。軍隊や警察関係ではこの語は頻繁に用いられる。すでにほとんどドイツ語と感じられるのが英語の *Smog* で、少なくとも現代ドイツ語では頻繁に、しかも自明のように用いられる。これは *smoke + fog* という結合から生じたものである。きわめて珍しいが、短縮語として語の中間だけが残ることがあり、例えば *influenza* という完全形から生じた英語の短縮語 *flu* がそれである。

2.4.2 イニシャル語/略語
〈Initialwörter/Abkürzungswörter〉

この種の短縮語〈Kurzwörter〉は、それらをはっきり短縮と特色づけるプンクトを用いたり、用いなかったりして書かれる。たいていの政党は *CDU, SPD, CDU, PDS* などのプンクトのない形の方を好む。*F.D.P.* だけは、略語であることを明らかにするためにプンクトを用いる。その理解にはここではコンテクストがたいへん重要になる。毎日ありとあらゆる種類のテキスト、とくに管理部門のテキスト類に使われる何千というイニシャル語を理解するには、それ相当の背景的知識が必要である。学生にとって略語 *UB* が大学図書館を意味することはきわめて自明なことであり、ジーメンス

2. 造語：形態論

〈Siemens〉という会社に勤務している人にとっては、同じく当然のこととして企業分野〈Unternehmensbereich〉を意味する。略語 *BRK* は多くの人にとってはバイエルン赤十字〈*Bayerisches Rotes Kreuz*〉の意味であり、これに対し大学の管理部門ではむしろバイエルン学長会議〈Bayerische Rektorenkonferenz〉を意味する。実に数多くの略語が部外者には皆目理解できないのである。*ZUV* が「大学の中枢管理機関」〈Zentrale Universitätsverwaltung〉を意味するとか、あるいは *WB* が言語学の論文で「造語」〈Wortbildung〉の略語として使用されること、*MB* が連邦議会議員を意味することができることを誰が知っているだろうか、言い換えれば、知っていなければならないだろうか？　ここでは、例えば1989年後の再統一の動きのなかで、新たな連邦共和国で用いられた略語 *DtVerbkdoSowjSK*：「ドイツ駐留のソビエトの軍隊へのドイツの連絡命令」〈‚Deutsches Verbindungskommando zu den sowjetischen Streitkräften in Deutschland'〉のようなまさに巨大略語〈Abkürzungsmonster〉が生まれることも珍しくなくなる。

相当数の略語がそのようなものとして文書にしか現れず、話し言葉では例えば *l, m, cm, km, g, kg* などの長さ表示や重量表示〈Maß- und Gewichtsangaben〉は常に実語〈Vollwort〉として現れている。*Dr. Prof.* のように、称号もこちらに属する。後者の場合、学生の間ではもちろん新たな実語 *Prof* になる。この語はピリオドを用いず、左方の短縮語〈Kurzwörter〉に類推して、綴どおりに発音される。略語 *km/h*「時速」(‚Kilometer pro Stunde' あるいは ‚Stundenkilometer')はしばらく前からイニシャル語としても話しことばで用いられている。その方が専門的で洗練されていると感じている人が少なくない。

［練習問題］
短縮語 *Hapag, Kino, Taxi, Motel, Big-Mac* について記述しなさい。

3. 造語：統語論と意味論
Wortbildung: Syntax und Semantik──

3.1 辞書〈Lexikon〉と統語論〈Syntax〉の間の相互作用としての造語

　造語と統語論の間に密接な関係があることは、すでに前章で明らかになった。造語は、文同様階層的に分節される構造として表すことができる。より複雑な意味上の単位が、形式上造語によって具現されるか、あるいは統語論によって具現されるかを決定するのが、言語の経済性〈Sprachökonomie〉ないしはさまざまな言語共同体〈Sprechergemeinschaften〉の言語慣用〈Sprachgebrauch〉である。この言語慣用とは慣習によって〈konventionell〉規制され〈geregelt〉、さまざまな発話状況〈Sprechsituation〉と結びついたものであり、体系の歴史的な発展をも顧慮しなければならないものである。どの言語共同体においても、造語による語彙的示差とシンタグマによる表現〈Formulierung〉との間の関係の慣習化には違いがある。これはテクストの種類についても言えることである。専門語のテクストは標準言語の〈normalsprachlich〉テクスト類よりも造語率、すなわち語彙的な表現手段による細分化の度合いがはるかに高いことを示している。それは、専門用語の方がシンタグマを用いた表現よりも精確で簡潔だからである。

　どの造語にも情報を凝縮する機能がある。すなわち、統語上複数の要素に割り振られていたものがたった一つの単位にまとめられる、つまり「一語化

3. 造語：統語論と意味論

される」⟨‚univerbiert'⟩。当該の事態がかなり頻繁に言葉によって表される場合に、これは有効である。例えば「ギムナジウムの先生である」という事態がドイツ社会であまりにも度重なって発話⟨Äußerung⟩の対象となるとしたら、凝縮かつ短縮して *Gymnasiallehrer* (それに応じて *Deutsch-, Mathematik-, Englischlehrer* などや *-lehrer* を伴う他の多くの複合語) という複合語を造ることは有意義である。特定の学年にしか授業をしない教員がいるとしたら、語形成のうえからさらに細区分され、**Zehnt-klasslehrer* とかあるいはそれに類する造語が造られるかもしれない。もっぱら男子校または女子校で、あるいは修道院付属学校または私立学校、市立学校または国立学校で授業を行う先生も、望ましいとなれば、術語で細分化することができるだろう。もっともあまりにもたくさんの意味上の示差特徴が集まると、対応する造語はますます複雑になり、理解するのも難しくなる。このことは情報の伝達に相反する。さらにそうなると、言語共同体の要求は減少する。つまり、こういった造語⟨Prägungen⟩はただ小集団の専門家にとってしか意味がないであろう。そこで、例えば「修道院の女子校で 10 学年のみドイツ語の教科を教えている先生」に対して複合語を造ることは、もっと大きな言語共同体にとってはほとんどプラスにならないことである。つまり、そのような事態 (仮にそのような事態が生じたとすると) が言語上の議論の対象になるとすると、それは統語的表現をとることになるであろう。

　ここでまず問題となるのは、標準言語のテクストの種類というより、むしろ日常言語の言語使用である。特徴⟨Merkmal⟩が 1 つ加わるだけで即席造語⟨okkasionelle Wortbildung⟩ができる (3.2 章を参照)。*Bein einer Mücke* あるいは *weibliche Mücke* といったシンタグマに代わって、簡単にそれぞれ *Mückenbein* ないし *Mückenweibchen* といった複合語を造ることができる。基になる語[注2] *Mücke* に付け加わる叙述⟨Prädikation⟩ないし付加⟨Attribuierung⟩がそれぞれ 1 つだけだからである。複数の意味特徴、すなわち複数の叙述が加わるとなると、造語⟨Wortbildungen⟩はただちに情報の詰めすぎとなり、概観できなくなるため理解が困難になる。このこと

3.1 辞書と統語論の間の相互作用としての造語

は前述の先生の例で見たとおりである。これらの意味上一段と複雑な形成物〈Gebilde〉は、通常造語ではなく、シンタグマによって表される。それはシンタグマでは叙述と付加が造語よりもゆるやかで分解しやすいため、より分かりやすく割り振られているからである。従って、例えば即席造語の *Tausendfüßlerbein* は確かに複合してはいるが、語彙化した、すなわち慣習化した基礎語〈Grundwort〉 *Tausendfüßler* に意味特徴が1つ加わるだけなので、可能であり理解も容易である。だが、das *hinterste rechte Bein eines ausgewachsenen weiblichen Tausendfüßlers* 〈成長しきったメスのムカデの右後ろ足〉に対応する語を造り出すことは、非経済的であろう。その理由の一つは、これら複数の意味特徴が加わることでこのような造語は非常に概観しにくくなるであろうし、もう一つには、圧倒的多数の発話状況〈Sprechsituationen〉あるいはコンテクスト〈Textzusammenhang〉のために、このシンタグマにある叙述をたった一つの形式、すなわち造語に圧縮する必然性がないことである。つまり、統語論におけるシンタグマティックな意味論〈syntagmatische Semantik〉（文意味論〈Satzsemantik〉）と造語におけるパラディグマティックな意味論〈paradigmatische Semantik in der Wortbildung〉は、言語のなかで経済的に相互に密接に関連しあうもので、それらを言語使用者は言語の経済と表現の理解の必要に応じて、創造的に投入することができるのである。

　ここで紹介した例によって同時に明らかになることは、統語論と辞書が造語では互いに非常に密接に結びついているので、双方の観点を相互に分離して研究しようとすること、つまり造語を統語的観点だけとか、語彙的・意味的な〈lexikalisch-semantisch〉観点だけで記述しようとするのは、ほとんど無意味なことでないか、ということである。それにもかかわらず、近代言語学の歴史の中ではまさにそれを行おうとする試みが再三あった。その例が Toman（1983）である。

　統語論と辞書の間の境界があいまいであることは、いわゆる語群語彙素〈Wortgruppenlexeme〉、つまり今 *gelb* と *blau* といった色彩語を伴った語

3. 造語：統語論と意味論

群語彙素のみを選ぶとすると、*Gelbe Rüben, der Gelbe Fluss, die Gelben Engel*（ADAC〈全ドイツ自動車クラブ〉の）, *Blauer Montag, der Blaue Planet, der Blaue Reiter, das Blaue Band, die Blaue Grotte, der Blaue Engel*（環境を保護する［生］産物のしるし）のような造語でも明らかである。これらは複合語ではない。複合語だとすれば、一語で書かれなければならないだろうし、とりわけシンタグマにおける両方の部分が可変であってはならないだろうから。実際のところはこうである：*des Gelben Flusses, die Gelben Engel* など。しかし関与している双方の要素は意味的に非常に密接な関連にあるので、それらは1つの概念を形成している。造語なのか、あるいは語群語彙素、すなわちシンタグマなのかの決定がしばしば表記法〈Schreibung〉だけに依存していることは、*zugrunde* 対 *zu Grunde, zumute* 対 *zu Mute, zu statten* 対 *zu Statten, mithilfe* 対 *mit Hilfe, zuwege* 対 *zu Wege* などのような例で明らかである。ここでは実際正書法の取り決め〈Rechtsschreibkonvention〉によって、このような語が文法に属するものか、辞書に属するものかが決定される。この取り決めは、たまに変わることがある。

多くの造語が文の凝縮であるから統語上パラフレーズできる、という認識が古くからある。この認識は、ほとんど名詞類複合語〈Nominalkomposita〉の説明と記述のためだけに、比較的新しい造語研究で初めて体系的に活用された。その際当初から2つの原則的に異なった可能性があることがはっきりしていた：

1) 統語上のパラフレーズ〈syntaktische Paraphrasierungen〉は、一定の造語〈Wortbildungen〉を説明する1つの可能性である。*Schreibmaschine* のような複合語は、言語参加者〈Sprachteilnehmer〉がこの造語を *Maschine, mit der man schreibt* と解釈し分析することができるので、――その際それが行われるのが意識的であろうが無意識であろうが、まずは重要でない――理解が可能なのであろう。

2) 造語〈Wortbildung〉は統語論〈Syntax〉の一つの部分領域〈Teil-

3.1 辞書と統語論の間の相互作用としての造語

gebiet〉である。すなわち造語と統語論は原則的に同一の原理に基づく。複合した語〈komplexe Wörter〉と文は同一の、あるいは少なくとも類似した言語経過的メカニズム〈sprachprozessuale Mechanismen〉に従っている。ここでは造語は統語論を基調とする文法理論モデル内の明確に定められた位置を占める。

まず1)の点について: 造語の直観的に見いだされるパラフレーズの具現は、例えば上掲の例 Schreibmaschine の場合のように、統語上多様である。ここではすでに挙げたパラフレーズと並んで、なお別のパラフレーズが考えられるし、また可能であろう:「書くための機械」〈‚Maschine zum Schreiben'〉、「人がそれでもって書く/書くことができるよう/存在する/そのように決められた/その目的をもつなどの機械」〈‚Maschine, die dazu da ist/dafür bestimmt ist/den Zweck hat etc., dass man mit ihr schreibt/schreiben kann'〉、「書く機械」〈‚Maschine, die schreibt'〉など。

確かにこれでまだ可能性のすべてというわけではないが、いろいろな形での統語上のパラフレーズが可能であることを明らかにするには十分である。ある程度手順に統一性をもたせるには、このようなパラフレーズは、それらの意味を最大限明示すると同時に、形式上最小限のもの〈Minimalparaphrasen〉でなければならない。すなわち、それらのパラフレーズは統語上最小限のものしか含むことは許されないが、同時に造語の意味にとって重要な〈relevant〉ものはすべて含んでいなければならない（例えば Ungeheuer 1968: 195 f. あるいは von Polenz 1972: 403 と 1980: 174 を参照せよ）と要請することは可能である。上掲の例で言うと、この要請により Maschine zum Schreiben と Maschine, die schreibt というパラフレーズしか認められないであろう。すなわち、いまなお2つの可能性があることになる。パラフレーズするにあたっては、造語の個々の成分だけが形式上統語的に書き換え〈umschreiben〉が必要なのではなく、さらにこれらの成分相互の、そのときどきの特有な統語的・意味的〈syntakto-semantisch〉関係が書き換えられなければならないところに困難がある。この関係は実に多様で

ある。*Langstreckenläufer* という合成語では、それは動作主〈Agens〉と対象〈Objekt〉の関係である：「長いコース（=対象）を走る人（=動作主）」。これに対して *Putzfrau* という複合語では、動作主〈Agens〉と様態の〈modal〉要素との関係が重要である：「職業上もしくは金儲けで他の人々のもとで、あるいはその人（動作主）自身の家の外で（=広い意味で様態の要素）掃除をする女性」。*Schwimmbad* と *Pflanzzeit* のような複合語の場合、動作主とならんで場所と時間の要素が重要になる。最後に *Schießbefehl* のような語では、語の2つの部分〈Wortteile〉の統語的・意味的な相互関係があまりにも複雑なので、非常に詳しいシンタグマでしかすべての重要な情報を含むことができないであろう。そこで（Laca 1986: 80 のように）最大条件〈Maximalbedingung〉を定式化して「複合語の意味は、当該の造語の産物と潜在的に両立しうる対象言語のパラフレーズの全体集合をもってしか正当化できない」としても、もはやどうにもならなくなる。

　Rostmesser のような複合語では、原則的に複数のパラフレーズは免れない。このような語には複数の「読み」〈'Lesarten'〉が含まれるからである。ここには3つの読みがある。1)「錆を除去するためのナイフ」、2)「錆びたナイフ」、3)「錆びを測定する道具」。最初の2つの解釈と3番目の解釈との間の違いは基礎語 Messer の多義性〈Polysemie〉にあり、1と2の間の違いは、異なるシンタグマを複合語の両成分に割り当てているところにある。最初の読みに類似して造られているものといえば、例えば *Schneeschaufel, Eiskratzer,* もしくは *Fleckenwasser* で、2番目の読みに対しては、例えば *Dreckarbeit, Magermilch,* あるいは *Warmwasser* であろう。これに対して *Rotstift, Schönredner,* あるいは *Gutschein* といった表現面で非常に似通った複合語は、別のシンタグマを使ってパラフレーズしなければならないであろう。これらのパラフレーズの違いの説明には、パラフレーズに関与している動詞のヴァレンツの特性〈Valenzeigenschaft〉が指摘されてきた（例えば von Polenz 1972: 216 f. や Wellmann 1975、および Kühnhold-Wellmann

3.1 辞書と統語論の間の相互作用としての造語

1973 und 1978 のいたるところに〈passim〉)。Günther (1981: 262 f.) が説き明かしたように、もっともそれには問題がある。Günther は *Milchtasse* を例にとって、*Blechteller*, *Silberlöffel*, *Holztisch* などに類推した **Tasse, die aus Milch besteht* 〈*ミルクでできたカップ〉といった許されないパラフレーズが排除されなければならないのは、動詞 *bestehen (aus)* にそういったヴァレンツ制限があるからではなく、私たちの「これらの事柄に関する一般的な知識」(1981: 263) がこれを禁じているからだ、ということを明らかにしている。これが正しくて、一般化できるなら、造語を直感的にパラフレーズするに当たって決定的なのは、統語的観点よりむしろ意味的な観点ということになる。すなわち、パラフレーズのもつ統語形式の厳密さは二次的なものとなる。この見解はすでに Dokulil 1964 が主張するところである。彼によれば、文は文法上の範疇であり、それに対して造語は語彙的な範疇である。つまり両者の間には原則的かつ範疇的違いが存在する (1964-1981: 82-93, 特に 88 f.)。パラフレーズはつねに言語内の〈innersprachlich〉翻訳であり、どのような翻訳とも同じように、つねに部分的にしか正確でなく、決して完璧なものではない。

　この違いは、文が生じるのに不可欠な文法的具現要素〈Aktualisatoren〉、つまり事態〈Sachverhalte〉を時空構造〈Raum-Zeitgefüge〉に組み込む諸要素、すなわち時称〈Tempus〉、話法〈Modus〉、人称〈Person〉、数〈Numerus〉などが造語では喪失していることに起因する。合成語では統語関係がもはやはっきりとは特徴づけられず、文法的具現要素はすべて欠如している。*Bratpfanne* と *Bratkartoffeln* といった造語を比較してみよう。外面的にだけ見れば、これらは酷似している。ところが、最初の造語が統語上例えば「何かをフライにする平なべ」とパラフレーズできるのに対し、第 2 の造語は「フライにされたもの、ここではじゃがいも」とパラフレーズできるとは、共に第 1 成分としての *Brat-* で始まるこれら 2 つの語から外面的に見て取ることはできない。最初の語が道具として理解され、2 番目の語が受動的に理解されなければならないことは、世事に関する私たちの一般的な

3. 造語：統語論と意味論

知識からのみ知るところである。シンタグマにはそれに対応する表現手段があるが、造語はどれをとってもこの表現手段が消失してしまっている。別の2連の例を取り上げてみよう。

Handtuch	Wörterbuch
Taschentuch	Volksbuch
Bettuch	Weißbuch
Frottiertuch	Textbuch
Hungertuch	Tagebuch
Wachstuch	Hauptbuch
Brusttuch	Gebetbuch
Putztuch	Geschichtsbuch
Schnupftuch	Messbuch
……	……

　これらすべての複合語も、かなり大きな労力の投入を伴うものが相当数あるが、すなわち例えば *Hungertuch* あるいは *Hauptbuch* のように語彙化〈Lexikalisierung〉が一段と進んでしまったものもすべて、まだなんとか統語上分解することが可能である。造語に含まれる意味特徴〈semantische Merkmale〉が多ければ多いほど、その統語上のパラフレーズはいっそう多くの情報を要し、不明確になる。

　第2）項について：Chomskyの生成文法の根本理念を系統立てて造語に適用した最初の人と一般に見なされているのは、英語学者のRobert Leesである。彼は1960年の論文で（つまりその文法理論に標準形式〈Standardform〉をもたらした1965年のChomskyの「諸相〈Aspects〉」よりずっと前に）英語の名詞類複合語〈Nominalkomposita〉をこれに基づき分析している。Leesは一定数の規則を用いて文法的に適格な〈grammatisch wohlgeformt〉あらゆる造語〈Wortbildungen〉を生成し、それらに構造記述を施

すべき規則体系〈Regelsystem〉を記述しようと試みている。可能な文同様、可能な造語の数は無限で、規則の数は有限なので、これらの規則は統語論におけるように、造語過程〈Wortbildungsprozess〉においても回帰的に〈rekursiv〉、すなわち繰り返し適用できる。(Lees は名詞類複合語を生成するための 8 つの統語タイプを突き止めた。) 60 年代、70 年代、そして一部 80 年代に膨大な造語の学術論文がこれを背景に書かれた(例えば Olsen 1986 の研究書を参照)。ただしこのアプローチ〈Ansatz〉は、結局多くの理由から、現存する複合語ならびに潜在的な複合語の妥当な〈adäquat〉記述に役立たないことが判明した。一部深く関わっている賛否の論拠をここで詳細に繰り返すことは不可能である。

3.2　慣習的造語、即席造語、および潜在的な造語
〈Usuelle, okkasionelle und potentielle Wortbildung〉

　ある言語のすべての語がその言語の 1 巻ないし複数巻の辞書に載っているとは、とうてい言えないことは明らかである。辞書に取り込まれるのは、よく用いられることによって定着した慣習的な語だけである。ただし何が慣習的になったために辞書に載らなければならなくなったかは、言語参加者〈Sprachteilnehmer〉と辞書の編者の間で意見が分かれる。慣習的な造語は、かなり大きなグループの言語使用者にとって自由に使えるものでなければならない。言語知識と専門知識〈Sprach- und Sachwissen〉において大きな個人差があるので、ここではもちろん容認度〈Akzeptabilität〉と慣用度〈Usualität〉に関する判断が大きく分かれることがよくある。即席造語〈okkasionelle Wortbildungen〉、つまりとっさの造語〈Spontanbildungen〉はテクストの種類によってその現れ方は実に多様である。新聞のテクスト類では(そしてここでもまた、他の新聞のテクスト類よりもテクストの種類が幾らか多い新聞のテクスト類では)その割合が相対的に高い。
　時折ここではすべてがほとんど可能であるかのような印象を受ける。すべ

3. 造語：統語論と意味論

ての種類のテクストではないが、例えば広告文などでは、不可能なことはほとんど何もないように思われる。なぜなら、ここではよくあることだが、もともと存在する制約〈Restriktionen〉を取り払うことにこそその効果の本当の意味があるからである。kaputtbar のような形容詞は、-bar- 造語が他動詞の場合しか生産的〈produktiv〉でないので、本来存在しないものであろう。このような意識的な規則違反〈Normverstöße〉から明らかになることは、言語使用者が新語〈Neologismen〉を造る際に、いろいろな言語レベルでコード化されていない規範〈nicht kodierte Normen〉を無意識に拠り所にすること、すなわち音素配列上〈phonotaktisch〉、形態上、意味上、および会話の論理上〈gesprächslogisch〉の制約を拠り所にしているということである。規範による〈normbedingt〉制約と語彙による〈wortschatzbedingt〉制約は区別されなければならない。後者はとにかく多かれ少なかれ偶然に生じたものだが、いつでも埋めることができる造語のギャップ〈Wortbildungslücke〉である。そこで、例えば 20 年ほど前に学習法の〈lerndidaktisch〉研究を通じて、Lehrer に類推し、英語の learner を逐語訳してドイツ語の Lerner が造られた。いつのまにかこの語は辞書に掲載されるに値するもの〈Lexikonwürdigkeit〉となったが、一般語彙〈Allgemeinwortschatz〉には今日まで至ることはなかった。それは相変わらず言語学の専門用語とみなされている。系列全体のギャップの例としては、ドイツ語での ur- を用いた接頭辞添加で、これは動詞にはなく、名詞と形容詞に限られる。そのような造語〈Bildungen〉は難なく考えられるであろう。Toman 1983: 32 f.では、例に Uranfang に対する*uranfangen、Ursünde に対する*ursündigen、Urbedeutung に対する*urbedeuten が挙げられている。

体系的に扱うことができるのは、規範的・体系的制約でしかない。というのは、造語のギャップ（Kastovsky 1982 では „accidental gaps")とはおそらく偶然発見されるもので、それらのギャップを体系化することができないからである。「資料による裏づけがない」〈nicht belegt〉というのは、「資

料による裏づけができない」〈nicht belegbar〉ということと区別されなければならない。このことは、例えば *kaputtbar* という造語のように資料による裏づけができない、つまり規範を逸脱した〈normabweichend〉形式が、言語事実〈Sprachwirklichkeit〉となってときおり特定の目標をもって使用されることもあるということである。

　造語〈Wortbildungen〉は、辞書の著者〈Lexikonschreiber〉と言語参加者〈Sprachteilnehmer〉がそれらを慣習的〈usuell〉なものと評価し、言語規範〈Sprachnorm〉にかなっていると解釈するなら、潜在的な辞書記載項目〈Lexikoneinträge〉の具現である。もし造語がその場限り〈okkasionell〉でしか言語体系に属するものと評価されなかったり、あるいは諸般の理由で具現がさまたげられるなら、潜在的辞書記載項目は具現されていないことになる。これらの制約は体系化が可能である。

3.3　造語に関する制約〈Wortbildungsrestriktionen〉

3.3.1　音素配列上の制約 〈Phonotaktische Restriktionen〉

　ここでの一つの簡単なケースはドイツ語における -*chen*- 形と -*lein*- 形の分布である。発音上の理由から、-*chen* は -*ch* で終わる名詞にはつくことはできないし、-*lein* は -*l* に終わる名詞にはつくことはできない。つまり *Büchlein* はあるが、*Büchchen はなく、*Spielchen* はあるが、*Spiellein はない、ということは納得がいくように思われる。ただし -*l* の前にさらに -*e*- がくるならば、双方とも可能である：*Vöglein* と *Mäntlein* とならんで *Vögelchen*, *Mäntelchen*、だがまた——なにがしかの詩的作用を伴って——*Vögelein* ならびに *Mäntelein* もまた。

3.3.2　形態上の制約 〈Morphologische Restriktionen〉

外来接辞は外来の語基に通常よくつく。同じく自国の接辞が自国の語基によくつくのがふつうである。ところが混合したものもある：外来/外来の例として *Toler-anz, Val-enz, Uniform-ität, Altru-ismus, in-tolerant, dis-proportional, Ko-pilot, de-motivieren*。自国/自国の例は非常にたくさんあるので、省いてもさしつかえない。自国/外来の例：*Super-klug, extra-stark, Mit-autor, spend-abel, Fest-ivität*。

どちらも可能な場合、ときどき意味の違いが生ずることがある：*asozial* に対して *unsozial*, *superklug* に対して *überklug*（形態上の制約の問題についての概略は Plank 1981 を参照されたい）。

自国語の領域からの例は、*-er* あるいは *-ig* に終わる名詞の場合の制約である：*Ruderer, Zauberer, Wilderer* などのような語では *-in* に終わる性転化〈Motion〉は起こらない：**Rudererin, *Zaubererin, *Wildererin*。*-ig* に終わる名詞では、当然の理由であるが、*-ig* に終わる形容詞になることはない：*Honig- *honigig*, あるいは *Essig- *essigig*. 比較的しっかりした規制が見られるのが、*-heit, -keit*, および *-igkeit* の分布〈Verteilung〉である。単綴の形容詞は *-heit* を好む：*Freiheit, Krankheit*。*-bar, -lich* および *-sam* に終わる形容詞は通常 *-keit* に終わる名詞を造る：*Machbarkeit, Parteilichkeit, Genügsamkeit. -haft* および *-los* に終わる形容詞は *-igkeit* を好む：*Regelhaftigkeit, Zügellosigkeit*。より一層完全な分布リストは Fleischer/Barz 1992: 162 を参照。

3.3.3　「阻止」〈‚Blockierung'〉

Aronoff は 1976 年に特定の種類の造語制限のために「阻止」という術語を造った。彼はそれを「他の形式が存在するというだけで、ある形式が生起

3.3 造語に関する制約

しないこと」〈„the non occurrence of one form due to the simple existence of another"〉(1976: 43) と解している。ここで言っているのは、原則的にはもちろん可能だが、ただすでに *Disproportion* および *Disharmonie* といった造語が存在することにより阻まれる *Missproportion もしくは *Missharmonie のような可能な造語のことである。その場合、阻止は同義の〈synonymisch〉形式が競合することによって起こる。これが通常の場合〈Normalfall〉である。従って、例えば現代ドイツ語における可能な形式 *Pferdin, *Stehler, *messern は競合形〈Konkurrenzformen〉である *Stute, Dieb, schneiden* により阻止されている。新造語〈Neubildungen〉を阻止するもう一つの一般的な理由は、別の形式手段〈Formmittel〉を用いた同義の造語の存在である：統語上の前提条件が満たされているにもかかわらず、対応する *bar-* 派生語〈bar-Ableitung〉(つまり *lobbar, *bedrohbar, *verwerfbar、これらは対応する *-lich-* 派生語と同義で〈bedeutungsgleich〉はないにもかかわらず) を阻止する *löblich, bedrohlich, verwerflich* といった例の場合。

　Student という語に代わって今日ではよく *Studierender* が用いられる。複数形の *die Studierenden* が性に関して中立〈geschlechtsneutral〉なので、回りくどい二語併記〈Doppelform〉*Studenten und Studentinnen* や、あるいはまた文書でしか用いられない *StudentInnen* よりも簡単だからである。(それに加えて *Student* と *Studierender* のあいだには法律上の違いが存在することを知っているのはごくわずかな人たちであるから)。きわめて稀であるが、それでも既存の形式に代わる同一の意味をもった新しい形式〈Neuform〉が生じることがある。数年前から用いられ、同義の形式 *zögernd* を排除し始めている *zögerlich* がその例である。アンケートによる聞き取りでは、言語使用者たちも *zögerlich* の方が *zögernd* よりもいかにも躊躇しているように聞こえる、といった意味上の違いをすでに感じるようになってきている。

　同義の造語がいくつも存在する場合、例えば *-bar, -lich, -sam, -haft* や

3. 造語：統語論と意味論

-abel に終わる形容詞では、派生語の多様性が語彙化への度合いの違いとなる傾向がある。従って、-lich に終わる造語は -bar に終わる造語より語彙化の度合いが強いことがおうおうにしてある、例えば unsäglich/unsagbar, merklich/merkbar, zerbrechlich/zerbrechbar, verkäuflich/verkaufbar, beweglich/bewegbar など。真の同義性〈echte Synonymie〉注3が存在するのは、自国と外来の造語形態素が競合する場合だけである。例えば in-/un-: inakzeptabel/unannehmbar の場合、extra-/sonder-: Extraausgabe/Sonderausgabe の場合、-abel/-bar: akzeptabel/annehmbar の場合である。もちろんここでももっとよくあるケースは、外来の接辞と自国の接辞の間で意味の一致〈Parallelität〉が存在しないケースである。Antithese は Gegenbehauptung とは同義でないし、Kopilot は *Mitpilot と同義でない。super-klug と überklug も同一のものではない。Antifaschist, Extraordinarius, Ultraschall, hypermodern などのような語は、対応する接頭辞 gegen-, sonder-, jenseits-, über- を伴った自国の同義語によって代えることはできない。

だが、阻止は同音同形異義性〈Homonymie〉に起因することもある。従って、kostbar という形容詞はすでに別の語彙化の道をたどっているので、例えば machbar, essbar, trinkbar 等に類推して「何かが味見されうる」〈,etwas kann gekostet werden'〉と解することはできない。Zuhälter あるいは Bettvorleger のような名詞は、どちらの語も別の意味で語彙化しているため、Zubringer, Empfänger, Anhalter, Zusteller, Verstärker のような他の動詞からの派生語に類推して解釈することはほとんど不可能である。同じく、Messer のような語に「だれかが何かを測定する」〈,jemand misst etwas'〉という読みを当てるのは無理だろう。現存する同音同形異義語がこれらの語に別の語彙化した読みを当てている。語彙の意味〈Wortschatzbedeutung〉がこういった可能な造語の意味〈Wortbildungsbedeutung〉を阻止するのである。これに対して Vatermörder のような語は、この語が別の意味（「高い、硬いカラー」）で語彙化されているが、Kindsmörder,

Muttermörder などに類推して、おそらく動作主名詞〈Nomen agentis〉としての解釈もできるであろう。ところが語用論上の理由からこの意味はいつのまにか重要でなくなってしまっている。

3.3.4 意味上の制約〈Semantische Restriktionen〉

Plank はとくに前に引用した彼の著書（1981）のなかで、転化の制約〈restringierte Movierungen〉、つまり*Türmin, *Füßin, *Teppichin, *Löwenzahnin などのような受容不可能な造語に精緻に取り組んできた。この種の造語は体系に起因する変則性をもつものである。というのは「この派生のモデル〈Derivationsmuster〉の基礎に用いられるには、名詞が一つの意味上の条件を満たさなければならないことが、じつにはっきりしているからである。すなわちそれらの名詞は、自然の性が付与される実在〈Entität〉を、しかも女性の対〈weibliche Gegenstücke〉が存在する男性の個体〈Exemplar〉を表さなければならないのである」(1981: 96)。ところが、それ自体がこの基本条件〈Grundbedingung〉を満たしている場合でも、造語が可能でないことがたびたびある：*Goldfischin, *Bienin, *Würmin, *Wieselin など。この種の造語は「きわめて低い容認可能度〈Akzeptabilitätsgrad〉」(Plank 1981: 96) を示している。その理由は納得のゆくもので、すでに Jacob Grimm がそれをこう表している：*-in* を用いた転化は、「感覚器官によって性が知覚できるところにしか現れない」(1826: 317)。一般的な規則はこうなると思われる。
- 家畜〈Haustier〉や種蓄〈Zuchttier〉の場合、つまり常に人間にとって大きな役割を演じてきた動物の場合、男性および女性の個体には通常 *Hahn/Henne, Hengst/Stute, Eber/Sau, Bulle (Stier)/Kuh, Ente/Erpel* などの補充形〈Suppletivformen〉が存在する。狩猟を許された動物の場合でもそれに変わりはないようである：Keiler/Bache, Bock/Riche など。例えば Kuh あるいは Ente のように、ときおり女性形〈weibliche

3. 造語：統語論と意味論

Form〉が、一種の基本形〈Grundform〉として両方の性に用いることができるものもある。

- 人間に関係するコンテクストにいまだ頻繁に登場する他の動物の場合、転化が優勢である：*Eselin, Bärin, Löwin, Häsin, Füchsin, Wölfin* など。比較的大きな動物だけがこれに該当する。これらの動物は昔から童話、寓話、そして神話で役割を演じている。つまり、それらは今日なお人間とかなり親密な関係にあるものである。

- 人間とは比較的縁遠い動物は、言語上代用形による解決法で区別される：*Nashornbulle/-kuh, Spinnenweibchen/-männchen, Hirschkäferbock/-weibchen.*

3.3.5 会話の論理に関する制約
〈Gesprächslogische Restriktionen〉

「造語は、その表示の可能性に関して、それにほとんど情報がないことが明らかになるほど多価〈polyvalent〉であってはならない」(Laca 1986: 122)。すなわち、語の構成要素〈Wortteile〉、例えば語基〈Basis〉と派生形態素〈Derivationsmorphem〉の間の関係が、一定量の情報を伝える意義深いものでなければならない。そこで例えば *ungelb* もしくは *unsilbern* のような造語はもちろん体系上何ら問題なく可能であるにもかかわらず、あまり意味がない。*unschwanger* のような可能な造語もこちらに入る。このような類いの造語の表現力の強さが発揮されるコンテクストは確かに存在するが、しかしどちらかといえば有意義な使用の可能性が少ないので、この場合固有の形容詞を造るのではなく、シンタグマで表わすのが適切であることは明らかである：*nicht schwanger*. (*un-* を伴う形容詞の別の制約については 4.3.2 章を参照されたい)。語用論上の〈pragmatisch〉理由がマイナスに作用する場合、つまり潜在的に可能と思われる造語の使用が有意義だという言語上ならびに言語外のコンテクストが存在しなければ、こういった造語

は具現されない。それは 例えば *beglückbar, *enttäuschbar のような潜在的な形容詞であろう。*backbar, *nähbar, *stickbar, *strickbar などのような造語も比較的規模の大きいドイツ語の辞書（ここでは Duden のドイツ語の辞書6巻本，1976-1981）に載っていないのは、おそらくこれらの語が実証されているような文書が十分にないせいであろう。Duden の辞書が基礎資料〈Materialgrundlage〉として用いなかった話し言葉では、これらの形容詞が一貫して現れている。体系のギャップ〈Systemlücke〉と制約は、純粋に統語論的志向の造語理論では記述が非常に困難であるか、あるいは決して記述できないものである。これに対してこのような現象は辞書〈Lexikon〉の構成に関係するので、語彙的な造語理論での記述は容易である。

[練習問題]
一般に用いられない人工語〈Artefakte〉*Bächchen, *Störrischheit, *Gottkeit, *Armheit, *Arbeitung, *Sterbung, *Reiser, *besen, *beginnbar をいくつかの制約タイプに分類し、その理由を述べなさい。

3.4　造語の有縁性〈Motiviertheit〉：不透明〈opaque〉―透明〈transparent〉―自明〈self-explanatory〉

　有縁性（Motiviertheit, また Motivation, Motivierung とも）は、語の形態・意味上の透明性の尺度である。単一形態素から成る〈monomorphematisch〉語、つまり Haus, Kind, Hase, heute などのように唯一の基本形態素〈Basismorphem〉から成っている語は非有縁である〈unmotiviert〉。なぜなら、形態素の音の連続とそれによって表示ないしは意味される事柄〈Sache〉との間に、説明できるような関係が存在しないからである。この（すでにかなり古くからの）認識に基づいたものが、基本的な言語記号の恣意性〈Arbitraität〉を前提とした de Saussure の記号理論の言

3. 造語：統語論と意味論

語モデルである。de Saussure によると、語とは原則的には有縁でない〈nicht motiviert〉(「動機のない」〈„immotivé"〉) ものである。de Saussure により言語学に導入された有縁性という術語は、それ以来一般にこの記号理論的、普遍言語的な意味で理解されている。

どの言語にも見られる非常に小さなグループの語、いわゆる擬音語〈Onomatopoetika〉(*Wauwau, Gackgack, Kikeriki* など) には確かに形態・意味上の透明性はないが、しかし音韻上の透明性は存在する。なおまた *knistern, rascheln, zischen, klatschen* などのような擬音語の場合は、部分的有縁性〈Teilmotivierung〉、つまりかなりの音韻上の有縁性が存在すると言える。どの言語の周辺的〈peripher〉形態素目録〈Morpheminventar〉にも音韻上の有縁性が見られる。音韻上の有縁性は造語ではなく、語創造に関わるもので、つねに共時的観点よりも、むしろ（系統発生的〈phylogenetisch〉な言語習得〈Spracherwerb〉と関連して）通時的な観点から興味深いものであった（1.1 章を参照）。

圧倒的多数の造語〈Wortbildungen〉が形態素の結合〈Morphemkombinationen〉で構成されている。いまそれぞれ 2 つの形態素から成っている例だけを選ぶと、*Haustür, Schlafzimmer, Lehrer, Kindchen, lesbar, sachlich* などがある。単一形態素から成る語と異なり、形態素結合は、それらに関与しているいろいろな形態素が全部あるいは部分的にそれらと同形の個別形態素〈Einzelmorphem〉の意味と一致するなら、de Saussure によると比較的有縁ということである。例えば *Haustür* という形態素結合で、双方の結合要素である *Haus-* と *-tür* の意味が形の一致する単一形態素の語 *Haus* と *Tür* の意味と一致している場合、de Saussure ならばこの結合を比較的有縁〈relativ motiviert〉と呼んだであろう。Saussure の後継者たちは個別言語〈Einzelsprache〉を記述するにあたり、もう一歩進めて、造語を構成している形態素のすべてが有縁である場合、それらを「完全」有縁〈„voll" motiviert〉と呼んだ（例えば Fleischer 1982: 14、また Fleischer/Barz 1992: 13-20 あるいは Kürschner 1974: 31 も参照）。この件では非常に似通

3.4 造語の有縁性：不透明―透明―自明

った扱いをしているが、術語だけは別のものを用いているのが Gauger (1971) で、彼はこのような造語を「透明語」⟨„durchsichtige" Wörter⟩ と名づけている。de Saussure の非有縁 ⟨unmotiviert⟩/有縁 ⟨motiviert⟩ という二つ一組の術語に代わって、全員が有縁性に関して三つ組みの術語を用いている：「完全有縁な」⟨‚voll motiviert'⟩（もしくは「透明な」⟨‚durchsichtig'⟩）、「部分的有縁な」⟨‚teilmotiviert'⟩（あるいは「部分的透明な」⟨‚z.T.durchsichtig'⟩），「非有縁な」⟨‚unmotiviert'⟩（あるいは「不透明な」⟨‚undurchsichtig'⟩）。（「非有縁な」⟨‚unmotiviert'⟩ の代わりにときおり‚demotiviert' も現れる）。部分的有縁な ⟨teilmotiviert⟩ 造語とは、結合 ⟨Kombination⟩ に関与している形態素の 1 つが非有縁で、それに対してもう 1 つの、あるいはその他の複数の形態素が有縁である、例えば *Geizkragen* もしくは *Großvater* のような造語のことである。この 2 例の第 2 ないし第 1 形態素（/-kragen/，/groß-/）の意味は、同一形態 ⟨formidentisch⟩ で、単一形態素の ⟨monomorphematisch⟩ 語とは一致しない。これに対して形態素 /geiz/ と /vater/ の意味は確かに一致している。非有縁の造語の例には *Hochzeit* あるいは *Augenblick* が当たるであろう。ここでは結合に関与した要素のいずれもが、対応する同形の単一形態素から成る語と意味が一致しない。

　この枠内でのさらなる細分化、つまりあいまいな有縁性がもつさまざまな可能性の区別が可能である。例えば *Fuchsschwanz* という造語で実際に「狐の尻尾」を表そうとすれば、完全有縁な語 ⟨voll motivierte Bildung⟩ と言うことになるであろうし、それに対してこの造語で特定の種類の鋸のことを言っているとするなら、この語は非有縁なものと分類されるであろう。あいまいな有縁性の別の可能性は、例えば上掲（3.1.1 章）の別の関連で論じた *Rostmesser* のような複数の読みをもつ造語にある。ここではすべての読みが完全有縁となるであろう。ほとんど個々の造語で事情がいささか異なるので、完全有縁な造語と非有縁な造語との間の範囲 ⟨Spannweite⟩ は、内容面と表現面から流動的な段階として記述することができる。Fleischer

(1982: 13) では、完全有縁性と非有縁性という両極の間にある種々の部分的有縁性が実例を挙げて説明されている。*Diskussionsbeitrag*（完全有縁）—*Morgenhimmel*—*Jahresdurchschnitt*—*Nachtarbeit*—*Großstadt*（全部が部分的有縁で、後にくるに従って有縁性が薄くなる）—*Augenblick*（非有縁）。彼は形態的有縁性〈morphologische Motiviertheit〉と意味的有縁性〈semantische Motiviertheit〉の間を区別している（Fleischer/Barz 1992: 15 は「形態意味上の有縁性」〈„morphosemantische Motivation"〉と言っている）。

　部分的有縁性のもつさまざまな可能性に区切りを入れようという試みも行われてきた。例えば Püschel (1978) はその結果をまとめて表にしている (1978: 164)。その一覧表のなかで、完全有縁な造語と完全無縁な造語〈voll demotivierte Wortbildung〉の間には 6 段階の部分的有縁性の区分がなされている。見ての通り、この部分的有縁性は内容面かつ表現面でも異なっている。表は全体的に納得のいくものだが、この種の段階付けの問題点も露呈している。語彙化した形式と語彙化していない形式の間の境界は、この表の中では破線で表されている。すなわち Püschel も形態・意味的に透明な形式と自由に統合することが可能な形式との間を区別するための精確な基準を挙げることができていない。おまけにこの 6 分割〈Sechsergliederung〉とその主要な内容面の根拠は、個々人の語感〈Sprachempfinden〉に基づいている。言語使用者の判断が、例えば「慣用的な成分を伴い有縁性が弱まった」〈„abgeschwächt motiviert mit idiomatischer komponente"〉と「半透明の意味をもち部分的に有縁な」〈„teilweise motiviert mit durchscheinender bedeutung"〉との間の線引きのように、この場合しばしば分かれることがあるだろう。

　置換可能性という客観的基準、つまり熟語的意味〈Idiombedeutung〉を失なうことなく、ある成分を別の要素によって交換するということが、ほとんどこれ以上役立たないことがこの一覧表から明らかである。ここではイエス・ノーの決定しかできなく、区分が質的に段階づけられているからであ

3.4 造語の有縁性：不透明―透明―自明

語彙化	置換可能性	透　明　度		例	タイプ
		内容面	表現面		
非語彙化	完全に〈voll〉	完全に〈voll〉	完全に〈voll〉	wortbildungsidiom	複合語
語彙化	置換可能な	有縁な	透明な	tischbein	
		部分的有縁＝部分的非有縁	完全透明	großvater	造語イディオム 6
			部分的に透明	stiefvater drückeberger	
	置換不可能ないし制限的に置換可能	慣用的成分を伴い完全有縁	完全透明	haustür	造語イディオム 5
		慣用的成分を伴い有縁性が弱化	完全透明	eisbrecher	造語イディオム 4
		半透明の意味をもち部分的に有縁	完全透明	großstadt	造語イディオム 3
		部分的有縁＝部分的非有縁	完全透明	handtuch kirschspiel	造語イディオム 2
			部分的透明	himbeere wildbret	
		完全非有縁	完全透明	junggeselle	造語イディオム 1
			部分的透明	hagestolz feldwebel	
			完全不透明	wiedehopf	語彙素〈lexem〉

る。Püschel は意味論上の〈semantisch〉視点、語彙論上の〈lexikologisch〉視点、および形態論上の〈morphologisch〉視点を考慮に入れることで、複合した体系をとっている。これに伴う困難を避けるために、Shaw（1979）は形式〈Form〉だけに限定している。彼は部分的有縁な造語を、結合に関与している要素の有縁性に従って、つまり例えば「A(I)＋B」もしくは「A＋B(I)」として、すなわち第1複合成分（Kompositionselement）あるいは第2複合成分が有縁でない、例えばそれぞれ *Ferngespräch, Frei*herr, *über*glücklich などや bibel*fest,* zeit*raubend,* Geiz*kragen* などのグループとして分類している。(全部で4つのグループに Shaw は分けている。1979: 61 ff. を参照されたい)。このような形式に則した分類の欠点は、内容面からは部分的有縁性の度合いが示差されないことである。従って Shaw では、例えば *Kirchspiel* のような造語が、純粋に形式的な理由から *Eisbrecher* と

同一のグループに入る。だが内容面から言えば、この2つの造語は部分的有縁性の等級の中で異なる位置を占めるであろう。

　有縁でない〈nicht motiviert〉造語を表すために、「語彙化した」〈‚lexikalisiert'〉および「イディオム化した」〈‚idiomatisiert'〉という表現もたいていは同義〈synonym〉で用いられる（だがときおりまた示差的に、例えばGünther 1974: 36 f.ではイディオム化〈Idiomatisierung〉が内容に即して、無縁化〈Demotivierung〉は形式的に、そして語彙化〈Lexikalisierung〉は双方のアスペクトの結合と解される）。この章の表題で使われた術語はUllmann (1951: 87) が一番最初に用いたものである。opaque〈不透明な〉はUllmannではunmotiviert〈非有縁〉を意味し、transparent〈透明な〉はteilmotiviert〈部分的有縁な〉で、そしてselfexplanatory〈自明な〉は(voll)motiviert〈(完全)有縁な〉に対応するであろう。最後に挙げた術語は、UllmannがHaustür, Schlafzimmer, essbarなどの造語を、言語参加者がa)言語習得とともに習い覚えた統語上の規則をマスターし、b)当該の文で用いられた基本要素〈Basiselement〉、すなわち辞書の語を使いこなせれば、どんな言語参加者にも理解される文同様、比較ができるような方法で「自ずと理解できる」〈„aus sich selbst verständlich"〉ものと見なしていることを暗に示すものである。

　80年代の初頭にHerbermann (1981) は造語の有縁性と詳細に取り組んだ。彼は有縁な造語のグループ、すなわちUllmannの術語でいうと「自明な造語」を、そして彼自身が「規則的に統合できるもの」〈„regelhaft synthetisierbar"〉または「規則的に媒合できるもの」〈„regelhaft katalysierbar"〉と呼んでいる造語［の範囲］を徹底的に〈radikal〉制限する立場を擁護している。彼によるこのような語の例は、*Mitfahrer, Kanzlerrede, Zahnarztfrau, Verbesserungsvorschlag* および *Forschungsergebnis* である。彼の見解によると、これらの造語（1981: 205-208を参照せよ！）は規則的にシンタグマから統合が可能であり、──これこそまさに決定的なことだが──それらの語の意味には補足的な意味特徴を添える「類型的な現

3.4 造語の有縁性：不透明―透明―自明

象」〈„typenhaftes Phänomen"〉が含まれていない。Herbermann が何度も引き合いに出している「普通の」〈normal'〉言語参加者は、*Kanzlerrede* を例えば *Festrede* あるいは *Leichenrede* のように特別なタイプのスピーチとは感じることはないし、*Zahnarztfrau* を例えば *Bauersfrau* のように特別なタイプの女性とは感じない。「農夫の妻〈die Frau eines Bauern〉については、彼女は本当の農婦〈Bauersfrau〉でない、と確かに言うことができるが、歯科医の妻〈die Frau eines Zahnarzt〉に関しては、彼女が実際歯科医の妻〈Zahnarztfrau〉ではないと、おそらく同じようには断言することができないであろう」(1981: 207) と Herbermann は言う。これは問題である！ Herberman によって「規則的に統合できる」と分類された造語も、やはりそれらをシンタグマと区別する――その強さの度合いに違いはあるが――類型的な要素をもっている。造語は<u>常に</u>同時に語彙化〈Lexikalisierung〉の始まりでもある。*Putzfrau* のような造語が例えば *Zahnarztfrau* より語彙化が進んでいる、と Herbermann が言うのは正しい。だが彼がこの2つの造語の間の違いを辞書〈Lexikon〉と統語論〈Syntax〉の間の違いと解釈しているのは間違いである：つまり統合可能な造語も、即席の〈okasionell〉造語も辞書の一部である。Herbermann は類型的な現象を用いた論証を「意味の欠乏」〈„semantische Dürftigkeit"〉という現象によって拡大している (1981: 229)。それによれば、語のもつ意味特徴〈semantische Merkmale〉が少なければ少ないほど、透明な語とはますます言えなくなる。「意味の欠乏」ということは規則的に統合可能な造語ということにしかつながらないと。彼はこれを対の文を用いて説明している。*er ist (ein) Esser, Leser, Verlierer, Sieger* などとは言えないが、*Er ist ein starker Esser, eifriger Leser, schlechter Verlierer, überlegener Sieger* などとだけは言えると彼は考えている。それは *Esser, Leser, Verlierer, Sieger* などの造語が意味上不十分であるからだという。ここでも Hebermann の観察結果を調べてみる必要があるであろう。意味的欠乏は無差別に辞書のあらゆる語に割り振られたものではなく、語クラス特有〈wortklassenspezifisch〉の

ものである。すなわち動詞は基本的に名詞や形容詞より意味特徴が少ない。そのため動詞はどちらかといえば統語的に興味深く（この認識を顧慮しているのが例えば依存関係文法である）、名詞や形容詞はむしろ意味に関して興味を引く。このことは、どの辞書でもよいから開いてみれば、簡単に確かめることができる。名詞や形容詞の場合、ふつう動詞よりもずっと多くの詳しい記述を目にするであろう。動詞では、とりわけ統語上の特徴が挙げられる。つまり、それらの動詞が前置詞を伴うか伴わないか、何格を必要とするか、再帰的に用いられるか用いられないか、受動が可能であるかどうかなどに従って記されている。これに対して名詞や形容詞では、意味特徴がリストアップされるか、パラフレーズあるいはコンテクストを挙げることによって示される。この理由からだけでも動詞からの名詞化は、名詞もしくは形容詞からの複合語あるいは派生語よりも統語的な分析が容易である。Herbermann によって用いられた例のように、動詞から例えば行為者名詞が造られる過程は、当面統語的過程である。だが名詞化形が出来上がったとたん、語彙化の過程は始まるのだ。名詞化をともなったコンテクストの中の評価の〈qualifizierend〉形容詞が統語的な造語法〈Bildungsweise〉によることを強く物語っているが、しかし Herbermann とは異なり、それらの形容詞は不可欠なものではない。つまり当然評価の形容詞がなくても *Er ist ein Verlierer.* と言うことはできる。この場合名詞化は語彙化を証明する類型的な要素をもつ。Herbermann の他の例も、対応するコンテクスト内で評価の形容詞がなくとも *Er ist eher ein Esser als ein Trinker, eher Leser als Höhrer* などと手軽に使用が可能である。

　Herbermann は、意味の欠乏の立証に関してある点でたしかに正しい。このことは、それぞれ一つの意味特徴によって区別されている動詞の対、つまり *essen/fressen, töten/morden, weinen/heulen* などのような対で明らかになる。動詞 *fressen, morden, heulen* には、動詞 *essen, töten, weinen* よりも強調あるいは特種な活動を示す意味特徴が多く含まれる。この理由から *Fresser, Mörder, Heuler* といった名詞化は、*Esser, Mörder, Weiner* も原

3.4 造語の有縁性：不透明―透明―自明

則的には可能であるにもかかわらず、それらよりも受け入れやすい。さらに、Herbermann が実に的確に述べたように、評価の形容詞が使われるコンテクストであれば、それらの容認は最も容易である。

　造語に関して動詞の行動が異なることは、すでに歴史言語学で周知のことである。名詞の領域では造語全体の圧倒的多数が複合語と派生語から成っているのに対し、動詞の領域での造語の可能性は大幅に制限されている。不変化詞動詞と接頭辞動詞〈Partikel- und Präfixverben〉があり、*fischen, werbetexten, lahmen* などのような名詞類からの品詞転換〈denominale Konversion〉ははるかに少ない。いずれも規則的に統合可能とは言えず、すべてが透明〈transparent〉であるか、あるいはそれ以上に不透明〈oraque〉なことが多い。なぜそうであるかは明らかである。不変化詞動詞と名詞派生動詞は、対応する単一動詞にはない意味要素を造語のなかに持ち込む。つまり、それらの動詞は単一語〈Simplizia〉の意味特徴を豊かにするとともに、語彙化の途上にある。接頭辞動詞はいずれにしろその大部分が完全に語彙化している。

　してみると、この議論の結果は、やはり unmotiviert〈非有縁〉, teilmotiviert〈部分的有縁〉, そして (voll) motiviert〈完全に有縁〉の3つの度合いの有縁性が存在するのではなく、2つのみ、すなわち部分的有縁（多くの中間段階がある、きっと6以上）と非有縁だけしか存在しない、ということのようである。三分法を維持しようとすると、上記詳述によれば、このことは動詞の領域にもっとも近い領域、つまり名詞化の領域でしか可能でないだろう。補足的な意味特徴が名詞化形のなかに入り込まない名詞化が存在するかどうかが問われなければならない。Herbermann によって論じられた名詞化 *Esser, Leser, Verlierer, Sieger* などは、それらには補足的意味特徴、すなわち類型的な要素が含まれているので、それに確かに当てはまらない。それに対し、-ung に終わる名詞化はどちらかといえばそれに該当するように思われる。*Ich meine, wir sollten dies nicht so ernst nehmen / Meiner Meinung nach sollten wir dies nicht so ernst nehmen, Ich fordere die*

Herausgabe meiner Akten/Ich erhebe die Forderung nach der Herausgabe meiner Akten あるいは *Die Rechnung wird mit Scheck bezahlt/Die Bezahlung der Rechnung erfolgt durch Scheck* のような対の文は、文体の違いを度外視すれば、ほぼ同義である。*meinen/Meinung, fordern/Forderung* ならびに *bezahlen/Bezahlung* の間の違いは、意味的というよりむしろとくに統語的に有意である。というのは、機能動詞結合が、単一動詞を伴った構造とは別の統語上の可能性を提供するからである。機能動詞（使用例中の *sein, erheben, erfolgen*）には主に形態統語論上の課題があるが、意味論上の課題はない。

　機能動詞結合の領域でのこの種の名詞化を顧慮して、(完全) 有縁〈(voll) motiviert〉、部分的有縁〈teilmotiviert〉、非有縁〈unmotiviert〉といった三つ組み〈Trias〉を保持しようとしても、可能な（完全）有縁の造語の数はきわめて少ない。複合語と派生語全体の圧倒的多数は、部分的有縁あるいは非有縁である。

[練習問題]
以下の造語の意味に関する透明度を論じなさい。Püschel の例にならって、部分的有縁性の程度を内容面と表現面から段階を想定して整理しなさい。
essbar, fehlerhaft, säuberlich, offenbar, peinlich, arbeitsmäßig, urig, schauderhaft, bergig, grünlich.

4. 造語タイプ
Wortbildungstypen

　さまざまな言語段階におけるドイツ語の語の形成に対しては、造語研究の結果とくに2つの基本タイプ〈Grundtypen〉が得られている。すなわち元来互いに独立した語が、少なくとも2つの部分から成る1つの新しい語に複合〈Komposition/Zusammensetzung「合成」とも〉するタイプと、派生〈Ableitung/Derivation〉のタイプ、つまり接頭辞〈Präfixe〉、接中辞〈Infixe〉、および接尾辞〈Suffixe〉といった接辞を用いた造語である。ほかに、その重要性においてはこれら2つのタイプにずっと劣るタイプ、なかでも品詞転換〈Konversion〉（2.1.2章を参照）と短縮造語〈Kurzwortbildung〉というタイプ（2.4章参照）が存在する。もちろん質量ともに分布は異なるが、あらゆるタイプが名詞、形容詞、動詞といった主要3品詞のすべてに現れる。大多数の複合語が名詞であって、並列複合語〈Kopulativkomposita〉というずっと数の少ないタイプにとってだけは、形容詞も特記すべき数の代表者となる（4.1.2章を参照）。そのため合成語のタイプは名詞の例だけで述べていく。派生語は形容詞と名詞に一様に現れるが、ただし形容詞の場合、現代ドイツ語では「擬似接尾辞」〈Suffixoide〉によって多くの新造語〈Neubildungen〉が生じている。つまり派生の造語タイプは、とくに形容詞にとって典型的であるようだ。そこでこの入門書では、派生形容詞〈Adjektivderivation〉を例にとって述べることにする。動詞の多くは接頭辞、つまり派生の特別な形式〈Sonderform〉でもって形成される。だがまた別の要素、つまりその場合も複合の特殊形式を意味する不変化詞〈Partikeln〉や動詞付加語〈Verbzusatz〉でもっても形成される。動詞の章では、接頭辞動詞〈Präfixverben〉と種々の複合語としての動詞の造語〈Verbbildungen〉が扱われる。

4.1 複合〈Komposition/Zusammensetzung〉：名詞

複合語は「一語化」〈Univerbierung〉の原理に則って、すなわちテクストの種類で異なる、情報の凝縮〈Informationsverdichtung〉への志向から生ずる。事態がシンタグマとして表されるか、あるいは造語として表されるかは、分かりやすさ〈Verständlichkeit〉、明快さ〈Übersichtlichkeit〉、ならびに使用［の仕方］〈Aufwand〉（第3章を参照）によって決まる。

4.1.1 限定複合語〈Determinativkomposita〉

限定複合語は群を抜く高頻度の複合形式である。この種の複合語ではつねに第2分節（=「基礎語」〈,Grundwort'〉）が第1分節（=「規定語」〈,Bestimmungswort'〉）によってくわしく規定される、つまりその意味が限定される。限定複合語は、内心構造〈endozentrische Konstruktionen〉、すなわち限定語〈Determinans〉（規定語〈Bestimmung〉）と被限定語〈Determinat〉（基礎語〈Basis〉）から成る構造、ないしは「限定部」〈,modifier'〉と「主要部」〈,head'〉から成る構造である。*Hausfrauen*〈主婦〉という複合語では、職業に従事せずとくに家事をこなす女性が意味される。それに対して *Frauenhaus*〈女の家、娼家〉という複合語は特別な種類の「家」であり、その家の機能は語の一部である *Frauen-* によってより詳細に規定される。基礎語がつねに品詞〈Wortart〉を確定し、しかも名詞では性を決定し、数と格の特徴を担う。形容詞-名詞の複合語 *Hochhaus* では複合語の両成分を入れ替えると、名詞-形容詞の複合語である形容詞 *haushoch* が生じる。

4.1 複合：名詞

　基礎語は意味からいっても構造全体の基礎となるものである。*Kartoffelsuppe*〈ポテトスープ〉は *Suppe*〈スープ〉であり、*Brot-*〈パン粥（パンスープ）〉、*Gemüse-*〈野菜スープ〉、*Nudel-*〈ヌードル入りスープ〉、*Leberknödelsuppe*〈レーバークネーデル入りスープ〉も同じくスープである。第1成分が語彙化してもその点は何ら変わりがない。*Meineid*〈偽証〉は、たとえ偽りであろうが、*Eid*〈誓い〉である。そして *Himbeere*〈ラズベリー〉は特定の種類の *Beere*〈いちご〉である。第2成分が語彙化すると、これらの明確な階層関係〈Hierarchiebeziehungen〉ははっきりしなくなる。*Kindergarten*〈幼稚園〉は *Garten*〈庭〉ではないし、ましてや *Kinderkrippe*〈託児所〉は *Krippe*〈かいばおけ〉ではない。これらの場合も確かにまだ内心的限定複合語〈endozentrische Determinativkomposita〉と言えるが、しかしそれは、*-garten* ないし *-krippe* という隠喩化した要素が、隠喩化しない表現、例えば「託児所」〈‚Bewahranstalt'〉と対比する〈parallesieren〉ことができるからこそ言えることである。両成分が語彙化すると、少なくとも意味から言って、そもそも造語に分類されなくなる。例えば、*Junggeselle*〈独身男性〉、*Schornstein*〈煙突〉、あるいは *Wiedehopf*〈[鳥] ヤツガシラ〉のような語は、たとえそれらが形式上依然複合語として認識でき、意味からもまだ漠然とした連想の可能性〈Assoziationsmöglichkeiten〉が存在するとしても、もはや複合語ではなく、単一語〈Simplizia〉である。最も連想しやすいのは *Junggeselle* で、最も連想しにくいのが *Wiedehopf* である。純然たる形式からだけの分析は無意味である。このように、限定的複合語には形式上および意味上明確に区分された有縁性の段階〈Motivationsskala〉が存在する。

- *Kartoffelsuppe, Hochhaus, Speiseöl* などのように、明確な内心構造
- *Meineid, Himbeere, Heidelbeere* などのように、第1成分が語彙化しているが、同じく明確な内心構造
- *Kindergarten, Kinderkrippe, Geizkragen* などのように、第2成分が語彙化して、限定部と主要部の間に明確な階層関係がない

4. 造語タイプ

- *Junggeselle, Schornstein, Wiedehopf* などのように、双方の成分が語彙化して、複合語から単一語への推移が見られる

2つの成分から成る限定的複合語と並んで、3つあるいは4つの部分から成る複合語が相変わらず多数見られる。4つの語から成る複合語の例としては、*Autobahnraststätte, Krankenhausparkplatz, Lebensmittelgroßmarkt, Hundertkilometertempo* などが挙げられよう。基本的には上限は存在しないが、複合成分が一定数を超えると、複合語は長すぎて分かりにくくなる。特に長い複合語としては、造語論の文献や一般に好んで引用されるのが有名な *Donaudampfschiffahrtsgesellschaft* であるが、さらに例えばしゃれの形式〈Spaßformen〉として *-kapitän, -kapitänswitwe* などで任意に拡張されることがある。ところが一定の種類のテクストには、なかでもあらゆる種類の専門のテクストには全部で5部から成る複合語も出てくる。ここでは一つには、事の性質上多様な下位区分への志向があるのと、もう一つには、テクストが冗漫になるため表現の短縮の必要性があるからである。生物学からの例であれば、例えば *Doppelkammschwanzbeutelmaus*、官庁用語の例は *Hochschulstrukturformgesetz*、（ほとんど）「日常的な生活」からの（競売の告知）の例は *Jugendstilspeisezimmerbuffet* であろう。

ドイツ語における数多くの複合語の分類を試みるに当たっては、造語研究では異なった方法が取られた。まずは複合語に関与した品詞に則った分類である。つまり（今2項のものだけ挙げると）次の構造をもった名詞である。

名詞＋名詞：*Autobahn*
形容詞＋名詞：*Hochhaus*
動詞＋名詞：*Waschmaschine*
数形容詞＋名詞：*Dreieck*
副詞＋名詞：*Außenverteidiger*
代名詞＋名詞：*Dubeziehung*（*Du-Beziehung* も）

4.1 複合：名詞

前置詞＋名詞：*Zubrot*

間投詞＋名詞：*Ahaerlebnis*（*Aha-Erlebnis* も）

さらに、そのようにして発見されたこれらの造語モデル〈Bildungsmuster〉内で、内容上の観点からの分類が試みられた。それらの内容グループの間にある関係の遠近の度合いの設定次第で、ここではもちろんすべてが可能同然となる。例はあまりにも随意なものになるであろうから、ここでは挙げないでおく。

[練習問題]
次の複合語を形式上かつ内容上の観点から規定しなさい。
Studentenwohnheim, Schulwegkostenerstattung, Kaffeemaschine, Riesenameise, Betonmischmaschine, Wintermantel.

限定複合語の特別な変異体〈Variante〉はいわゆる「所有複合語」〈‚Possesivkomposita'〉である。造語の文献ではこのグループに対してときおりサンスクリットの名称、‚Bahu-vrihi' すなわち「米をたくさん所有した」〈‚viel Reis habend'〉が使用された。これは古代インド語では金持ちの男を指すのに用いられ、ほとんどが人間に、しかもここでも特に男に関係する「部分で全体を表す表現法［提喩］」〈pars-pro-toto〉といった構造である。身体の特徴的な部分が人物全体に代わる。「普通の」限定複合語とは異なり、所有造語〈Possesivbildungen〉の場合は、造語の両要素の間にあるのは内心的〈endozentrisch〉関係でなく、haben- シンタグマによって表すことができる外心的〈exozentrisch〉な関係である。第2成分はつねに名詞であり、第1成分は形容詞なのが特徴である。ところが第1成分に名詞をもった造語も存在する。とくによく見られるのが *-kopf*、*-bart*、*-fuß*、ならびに *-maul* に終わる造語であるが、他の造語も見られる。

4. 造語タイプ

Dickkopf (強情な人)	Rotbart (赤ひげ(の人))	Großmaul/-schnauze (大口を叩く人)	Schlappschwanz (弱虫)
Trotzkopf (頑固者)	Milchbart (青二才)	Lästermaul/-zunge (毒舌家)	Rotznase (鼻たれ小僧)
Kahlkopf (はげ頭の人)	Blaubart (青ひげ)	Lügenmaul (うそつき)	Fettwanst (でぶ)
Graukopf (白髪頭の人)	Ziegenbart (やぎひげ)	……	Dickbauch (太鼓腹の人)
Schlaukopf (ずる賢い奴)	……		Spitzbauch (太鼓腹)
Dummkopf (ばか者)	Leichtfuß (無分別な男)		Grünschnabel (青二才)
Querkopf (へそ曲がり)	Hasenfuß (臆病者)		Geizhals (けちん坊)
Starrkopf (石頭)	Stelzfuß (義足をつけた人)		Geizkragen (けちん坊)
Schafskopf (まぬけ)	……		Schreihals (泣き虫)
Holzkopf (まぬけ)			Rothaut (赤い肌)
Lockenkopf (巻き毛頭の人)			Bleichgesicht (顔色の悪い人)
Glatzkopf (はげ頭)			Freigeist (自由思想家)
Weißkopf (白髪頭)			Schöngeist (審美家)
……			……

　大半の例では、部分で全体を表す表現法という関係が語彙化によって薄れる。*Fettwanst* の場合「誰かが太鼓腹をしている」ため、人として全体的に *Fettwanst* と呼ばれる、ということができる。*Schafskopf* の場合は、パラフレーズする際にすでに比喩〈Vergleich〉に頼らざるをえない。*Geizkragen* では、‚Kragen' が ‚Hals' に代わるものだということを知っていなければならない。なぜ Hals が「けち」〈‚geizig'〉となるのかは説明がつかないが、

4.1 複合：名詞

いずれにせよこの所有複合語は簡単な haben- シンタグマではパラフレーズできない。*Hasenfuß* と *Grünschnabel* でも同じく複雑なパラフレーズが必要であろう。この点で所有複合語は、実際また多かれ少なかれ語彙化し、慣用化し、非有縁化した普通の限定複合語と事情が類似している。その結果パラフレーズはおよそ困難であるか、あるいはまったく不可能である。ここでも適切な解釈を決定するものは、言語と共に獲得された言語使用者の知識である。

動物名にも所有複合語が存在する、例えば *Rotkehlchen, Blaukehlchen, Rotschwänzchen, Neunauge* など。*Löwenzahn* あるいは *Hahnenfuß* のような植物名もこちらに入れるべきかどうかは、議論の余地があるというか、むしろ疑わしい。なぜなら、このような造語は要するにもはや部分で全体を表す表現法といった構造でないからである。もしそうだとしたら、そもそも人に対して用いられる具体的な表現、すなわち *Schlafmütze, Heißsporn, Blaustrumpf, Spinatwachtel, Zimtziege, Hosenscheißer* のような造語はすべてこのタイプに数えることができるであろう。ここでは明らかにパラディグマ〈Paradigma〉の限界を越えている。結局ここでも帰属を段階づけることは可能である。ここでは下にゆくに従って関連性が薄くなっている。

- Dickbauch 　誰かある人が太鼓腹をしている、その人は「太鼓腹の人」である
- Dickkopf 　誰かある人が「大きい」頭をしている、その場合、「大きい」は「強情」を象徴している、誰かある人が「強情な人」である
- Schafskopf 　誰かある人が羊の頭のように見える頭をしている、その場合、羊が愚かしく見えることが想定される、誰かある人が「まぬけ」である
- Grünschnabel 　誰かある人が「緑色の」くちばしをもっている、その場合、「緑色の」は具体的には「未経験の」を象徴し、本来動物に関連した語「くちばし」は「口」に代わって用

いられる、誰かある人が「青二才」である
- Löwenzahn　ある一つの植物が、ライオンの歯に似ている葉っぱをしている、ある一つの植物が「タンポポ」という名称をもっている

1-4のケースは個々には違いが見られるが、やはり何か共通なものがある。それに対してケース5（*Löwenzahn*）は、ずっと強い慣用化と、部分で全体を表すという関係がもはや認められないことにより、パラディグマからはずれる。

所有複合語との類似点をもつのが、例えば *Dickhäuter, Tausendfüßler, Linkshänder, Einhufer* などの -er に終わる相当数の造語である。これらも動物や人間を指すことがある。ここでも haben-関係〈haben-Verhältnis〉が基礎になっていて、造語要素の間に外心的な関係が存在する。ただし単一語〈Simplex〉と派生語〈Derivation〉から成る複合語〈Kompositionen〉という変則的な造語法のために、このような類いのケースは所有複合語のグループには数えないのがふつうである。

[練習問題]
次の造語のうち所有複合語はどれでしょうか。
Milchbar, Milchbart, Geizhals, Halskrause, Rotkehlchen, Rotfuchs, Rothaut, Rothaargebirge, Dickhäuter, Dickicht, Dickwanst, Dickdarm, Dickkopf, Dickmilch.

4.1.2　並列複合語〈Kopulativkomposita〉

並列複合語は限定複合語と比べてずっと少ない。典型的な〈prototypisch〉並列複合語は外心構造である。すなわち、要素間にヒエラルヒー関係でなく、加算的な関係が存在する。この関係は原則的には可逆的であるが、

4.1　複合：名詞

ほとんどの場合慣習化し、固定している。例は国名や都市名で、分かりやすいようにハイフンを用いて書かれる：*Elsaß-Lothringen, Schleswig-Holstein, Österreich-Ungarn* など、*Sulzbach-Rosenberg, Castrop-Rauxel, Wanne-Eickel* など。他の名詞では並列関係の存在は少なくとも疑わしい。それはたいてい女性用の衣類に関するものである：*Strumpfhose, Hosenrock, Hemdbluse*、あるいはすでにいささか流行遅れになった *Hemdhose*。衣類の場合 *Schürzenkleid* および *Kleiderschürze* といった両方の形式までもが存在する。これらの語はすべて、それらを用いる人々によってどちらかといえば限定複合語として理解される。圧倒的多数のこの種の［限定的］複合語によって非常に強く類推を迫られるためである。再三の問いかけに対して断言されることは、*Kleiderschürze* と *Schürzenkleid* が決して同じ衣類ではなく、*Kleiderschürze* は「ワンピース」(‚Kleid') のように仕立てられた、まさに「エプロン」であって、それに対して *Schürzenkleid* は、むしろ上等な「エプロン」としても着用できるような「ワンピース」だということである。実質的にはここではまったく違いがないかもしれないが、心理言語学的にはやはり違いがあるのかもしれない。

　（形容詞にはずっと明確な並列複合語がある。これにもわけがあって、属性〈Eigenschaften〉は対象物〈Gegenstände〉や事態〈Sachverhalte〉より積み重ねが効くからである。*bittersüß, süßsauer, dummdreist, nasskalt* のようないくつかの語のほかに、とくに色彩の複合語〈Farbkomposita〉がそうである。*gelbrot, blaugrau, graugrün,* b*lauschwarz* のような混合色名〈Mischbezeichnungen〉はさらに少ない。この種の形式も限定複合語と解釈することができる。というのは、*-blau* が被限定的基礎語〈das determinierte Grundwort〉となっている *graublau* とは異なり、blaugrau は‚blau'（「青い」）によって限定されるまさに‚grau'（「灰色の」）のことが言われている[注4]、と言うことができるからである。明らかに並列的なのは、例えば *schwarzgold, blauweiß, blauweißrot* などの旗の表示〈Fahnenbezeichnungen〉や *einundzwanzig* などの数形容詞〈Zahladjektive〉であ

− 85 −

る。ここでは連結的〈additiv〉で、外心的な関係がとくに顕著である。要素がどの順序で慣習化されているかは、原則的にどうでもよいということも明らかになる。例えば英語の *twentyone* などは逆の順序になるからである。

　Fleischer/Barz（1992: 128 f.）は内心的な並列複合語も論じているが、このタイプは典型的〈prototypisch〉なものでないので、ここでは取り上げないことにする。

[練習問題]
以下の造語のどれが並列複合語として分類できるでしょうか。
Dichter-Komponist, Waisenknabe, Märchenonkel, Kapitänleutnant, Polizeioffizier, Meistersinger

4.1.3　合接語〈Zusammenrückungen〉

　Hadumod Bußmann（1990:870）の言語学辞典では、この造語タイプに関して三つの[可能な]見解が紹介されている：1) *wassertriefend, Hoheslied, trotzdem, haushalten* のような慣用語法的結合〈phraseologische Verbindung〉から生じた新造語、2) 表現全体の品詞が最後の分節（Glied）では決定されない統語的結合、例えば *Vaterunser, Nimmersatt, barfuß, Vergissmeinnicht*、3) 多分節から成る屈折しない語、つまり名詞と副詞または名詞と前置詞との融合〈Verschmelzungen〉、例えば *infolge, aufgrund, fortan*。

　すなわち、このタイプはありとあらゆる解釈が可能である。例えば Wilss（1986）のように、深く考えずにこのタイプを、あらゆる種類の集合要素に対して用いることができる。もちろんそれは賢明でない。ひょっとするとそれが、Fleischer/Barz（1992）がこのタイプをそもそもタイプとすることを断念し、Fleischer が以前（1982: 61-63）このタイプに数えた造語を今や品詞転換〈Konversion〉のタイプに入れている理由であったかもしれない。

4.1 複合：名詞

Heinle (1993) はこの造語タイプをテーマとして独自の研究論文〈Studie〉にまとめている。そこではまず、研究文献のなかで狭義あるいは広義にと実に多様に用いられるこの術語が取り上げられる。次いで、術語の新たな規定がないまま合接語は「シンタグマ—合接—複合—派生」(78) といった連続体モデル〈Kontinuum-Modell〉に位置づけられる。2)と3)で紹介されたようなケースに限定するなら、この術語はそのまま使うことができる。ただし、上の3)に挙げられている特徴描写は何の意味もないので、ほとんど役に立たない。ふつう複合語の場合、すなわち限定複合語や並列複合語の場合にこの最後の要素が品詞を決定するが、2)と3)のどちらのケースにも、最後の要素は構造全体の品詞の決定はしないという原則が当てはまる。独自のタイプを保持することが正当化されるのは、この種の複合語が、関与している要素の限定的、内心的な関係によって特色づけられていないこと、また本来の意味での並列関係によっても特色づけられていないことによる (Wellmann 1984: 500 は「意味の一種の並列的結合」と言っている)。

では、この合接［語］という術語を保持する方向で行こう：複合語全体の品詞を決定するのが最後の要素ではないという上掲の定義でもって、2つの造語のグループを合接というタイプに数えることができる。

- *Vergißmeinnicht, Magenbitter, Gernegroß, Nimmersatt, Dreikäsehoch, Fußbreit, Handbreit, Guckindiewelt, Taugenichts, Saufaus, Kehraus, Stelldichein, Eisenbeiß, Fingerzeig, Zeitvertreib, Störenfried, Rührmichnichtan, Gänseklein, Garaus, Habenichts* ... のような名詞

- *hinauf*, *hinab*, *herüber*, *fortan*, *kopfüber*, *tagein/-aus*, *ohnedies*, *wührenddessen*, *flussauf*, *vorderhand*, *kurzum*, *schlechtweg*, *schlechterdings*, *jederzeit*, *zugrunde* のような副詞（ただし新正書法によれば *zu Grunde* もある）。また *infolge* のような前置詞や *trotzdem* のような接続詞もこちらに数えることができる。

4.2　複合と派生の境界
〈Grenze zwischen Komposition und Derivation〉

　造語は、言語史の初期（1.3章を参照せよ）、すなわち文書資料が存在する時代よりずっと前に始まった過程である。この過程はいまも進行している。つまり現代ドイツ語でも変化は起こっている。斉一説〈Uniformitarismus〉の一般的な学術原理〈Wissenschaftsprinzip〉によれば、歴史的発展と現代語の発展との構造的な比較は可能である。それらは構造上時間を超越したものである。一定の複合成分〈Kompositionsglieder〉が接辞〈Affixe〉の機能を取る、すなわち、名詞、形容詞および動詞において新たな接頭辞形態〈präfigierte Formen〉および接尾辞形態〈suffigierte Formen〉が生じる。複合と派生という言語学の分類概念が、造語をきっぱりと二つの互いに分離したタイプに分けるのに適していないということは、この分類概念が作られたときにすでに分かっていたことである。両者の間には一方的な関係が支配している。すなわち、複合成分からは言語史上の発展のなかの一定の状況下で接辞が生まれることがあるが、だが逆に接辞から複合成分が生じることはない。複合成分と接尾辞の間の移行段階を表すには、比較的最近に（それらのすべてが、何かが基礎語によって表されたものと「同じくらい似ている」ことを表している別の -oid に終わる造語：*faschistoid, schizoid, paranoid* などに則って）「擬似接尾辞」〈‚Halbsuffix'〉あるいは「擬似接辞」〈‚Affixoid'〉　という術語が用いられている。

　Fleischer はかなり前に刊行された何度も版を重ねている彼自身の造語研究の中で、造語の接尾辞的性格を確認するための3つの基準を挙げている。つまり、第2成分の系列造語的〈reihenbildend〉度合いが強くなければならない。第2成分の意味が自由形態素の意味に比べて、「具体性を失って」（‚entkonkretisiert'）一般化していなければならない。意味上の重点がなければならないのは第1成分であって、第2成分ではない（1982: 69）。Kühn-

4.2 複合と派生の境界

hold 等（1978）は Fleischer と同様の論拠を示し、さらなる基準として接尾辞と接尾辞に類似した形式の相補的機能を挙げている：例えば *breiig/breiartig, teigig/teigartig* などにおける *-ig* や *-artig*（1978: 427 と 520-522）。Holst（1974）は別の弁別基準〈Unterscheidungskriterium〉、すなわち同音同形異義性〈Homonymie〉と多義性〈Polysemie〉を用いて研究を行なっている。彼によれば、複合語は第2成分が同音の自由形式と多義な関係にある場合だけ存在する。それに対して、この関係が同音同形異義として記述されなければならない場合、複合語は存在しない。同音同形異義の語と多義の語は言語史をさかのぼることによってしか区別がつかないので、この基準は現代語の傾向を記述するには、もちろんあまりふさわしいものではない。Vögeding（1981）と Fandrych（1993）はもっぱら共時的な基準を用いた取り組みをしている。

複合成分と接尾辞の間の円滑な推移の例には（Kühnhold 等 1978: 120, 442-456, 478 の詳述によれば）、擬似接尾辞の *-arm* を用いることができる。*-arm* に終わる形容詞全体の 85.9％において、‚arm an'〈「に乏しい/が少ない」〉が ‚notleidend'〈「困窮した」〉とは多少異なるので、語のこの部分の意味は、独立して用いられる形容詞とはもはや一致していないが、近い：*gefühlsarm, wasserarm, inhaltsarm, humusarm, blutarm* など。従ってこの種の造語は、第1分節が名詞で、第2分節が形容詞の複合語と今なおきわめて近い関係にある。Kühnhold 等（1978: 120）の調査によると、用例全体の 6.3％しか占めていない第2グループの場合、第1グループとは形式的な違いしか存在しない。ここでは第1成分〈Komponente〉が名詞ではなくて動詞である。*knitterarm, klirrarm, krumpfarm*（すなわち布地が「ほとんど縮まない」〈‚kaum eingehend'〉）など広告言語に由来する比較的新しい少数の造語である。用例の 4.7％には別のシンタクス上のパラフレーズが存在する。すなわち、それらの造語は対応する名詞類複合語〈Nominalkompositionen〉とは意味に関してはるかにずれを生じている。Kühnhold 等（1978: 478）はここで *bügelarm* と *pflegearm* という二つの例を挙げてい

る。それらは残りの圧倒的多数の -arm- 造語のように ‚arm an ...'〈「に乏しい」〉ではパラフレーズできず、話法的な成分 ‚etwas braucht/muss nur wenig gebügelt/gepflegt（zu）werden'〈「何かがほとんどアイロンをかける/手入れをする必要がない」〉を用いてパラフレーズすることが可能である。なお、重要なことだが、-arm という語の部分〈Wortteil〉は、ここではもはや第1グループの形容詞の場合のように 不足、欠如といった否定的なイメージと結びついているのではなく、-arm はこの場合完全に肯定的なものである。またグループ1にも、-arm が肯定的評価を含意する例えば alkoholarm, nikotinarm, kalorienarm などといった造語がある。残りの小グループ（2例、パーセンテージでは3.1）では、大きな第1グループの場合と同じく、名詞の第1分節があるが、しかしシンタクス上のパラフレーズはまったく同じというわけではない：geräuscharm, schmerzarm はそれぞれ ‚etwas, das wenig Geräusche entwickelt'〈「あまり物音を出さない何か」〉ないし ‚etwas, das wenig Schmerzen verursacht'〈「わずかしか苦痛をもたらさない何か」〉として。要約すれば、この例で確認できることは、-arm という形式が系列形成への傾向が強いことと意味を細分するための手がかりが存在するということ、すなわち -arm が否定的にも肯定的にも評価できるということである。このことは -arm の接尾辞としての解釈に有利に働く。これでもって -arm に終わる形容詞は明らかに Fleischer の基準のうちの最初の2つを満たすことになる。第3の基準も少なくとも一部は満たされる。-arm に終わる形容詞では、ふつう名詞類複合語の場合に見られるように、第2成分の意味が造語全体の意味に代わることがない。eine ‚tonnenschwere Last'〈「トン級の 重さの 荷物」〉はまた eine ‚schwere Last'〈「重い荷物」〉でもあるが、ein ‚knitterarmes Kleid'〈「しわがあまりよらない洋服」〉は即ち ein ‚armes Kleid'〈「粗末な洋服」〉というわけではない。この基準はもちろん、明らかに接尾辞派生語としても擬似接尾辞（Halbsuffix）を用いた派生語としても記述できない多くの語彙化し、イディオム化した造語にも当てはまる。他面、arm は -ig, -isch, -lich などの形容詞化

4.2 複合と派生の境界

の接尾辞のような拘束造語形態素ではなく、自由形式として現れる形容詞のクラスの核形態素〈Kernmorphem〉であり、名詞との結合の大部分において、その意味は独立して現れる核形態素と異なるところがほとんどない。このことは、*-arm* に終わる形容詞の限定複合語としての解釈にとって有利な材料となる。この中間的立場を表すためには、「半接尾辞」ないし「擬似接尾辞」〈‚Halbsuffix' bzw. ‚Suffixoid'〉といった術語は十分支持することができるものである（Fandrych 1993: 165-177 のこのタイプの詳細な分析も参照されたい）。

Kühnhold 等は形容詞における多数のこの種の擬似接尾辞、例えば *-aktiv, -echt, -fähig, -müde, -reich, -voll, -haltig, -betont, -willig, -pflichtig, -gemäß, -dicht, trächtig, -schwach, -leer* を詳細に論じている（一覧表 1928: 119-173 を参照）。形容詞の擬似接尾辞と比べて、名詞の擬似接尾辞は数が少ない。Wellmann の資料としての用例には *-werk, -zeug, -volk, -welt, -kram, -mann, -gut, -leute, -material, -reich, -kreis, -august, -fritze, -heini, -suse, -trine, -liege* といった擬似接尾辞が見られた（1975: 98-103，さらに詳しい記述は 165-174 と 362-368）。

接尾辞/擬似接尾辞に当てはまることは、接頭辞/擬似接頭辞にも当てはまる。日常語〈Umgangssprache〉や話し言葉を指向したテクスト類、つまり多くの新聞や広告では、名詞が強意の要素を用いて接頭辞形成〈präfigieren〉されることがよくある、例えば *Affenhitze, Heiden-/Höllenlärm, Riesendurst, Spitzenspaß, Mordskerl, Pfundswetter, Blitzerfolg, Erzhalunke, Haupteffekt, Bombenstimmung* など。接頭辞のような強意の要素とそれらと同音の自由形式との間の意味の分化は、ここでは擬似接尾辞よりもはるかに強い。ここに例として挙げられた要素はすべて音価〈Lautwert〉に違いがあり、対応する同音の自由形式の意味も実に多様であるにもかかわらず、すべて拡大〈augmentativ〉・強調〈intensivierend〉の意味をもっている。従って、これらはまた擬似接尾辞よりも交換の可能性がずっと大きい：*Affenhitze, Höllenhitze, Bombenhitze, Mordshitze* など。そもそもここに紹介

された要素のすべてが -hitze と結びつくことができ、理解も容易だが、ただ組合せの多くが一般的でない。(Wellmann 1975: 148 には競合する用例の一覧表が、149頁には内容上定義された語基との結合、すなわち人物名、動物名などの分布マトリックス〈Distributionsmatrix〉がある)。強調の意味をもった擬似接頭辞が確かに一番多いが、たまに別の意味を持った擬似接頭辞も存在する、例えば *Altbundeskanzler, Extravorstellung, Nichtwissen* など (Wellmann 1975: 196 f. u.201-204 を参照)。

形容詞の場合、原則的に名詞の場合と同一のテクスト条件が関与している。さらにここでも、あらゆる擬似接頭辞のうちの大多数が拡大、強調の意味をもっている：*hochmodern, erzkonservativ, tiefernst, oberprima, vollverantwortlich, überglücklich, grundanständig, todkrank, stocktaub, weltstark, blitzdumm, blutjung, kreuzunglücklich*。例えば *quasi* のようなごく少数の擬似接頭辞だけが、別の意味をもっている。擬似接尾辞としては、ここでは形容詞や前置詞および名詞が見られる。名詞の場合と同様、日常語においても言語文体上〈sprachstilistisch〉別の文体レベルに数えられる一連の造語が存在する：*stinkvornehm, scheißkalt, saudumm, rotzfrech* など (Kühnhold 等1978: 75-99 に表にまとめたものがある)。

しかし、擬似接辞によるアプローチが映し出すのはむしろ比較的古い研究状況である。とくに Höhle (1982)、Schmidt (1987)、Schippan (1987) の研究によれば、「擬似接尾辞」もしくは「擬似接辞」〈‚Halbaffix' bzw. ‚Affixoid'〉という術語の使用を再びやめて、当該の造語〈Wortbildungen〉を複合語〈Kompositionen〉あるいは派生語〈Derivationen〉と解釈する傾向にあるという。Fleischer/Barz (1992) では、*-wesen* と *-werk* に終わる名詞および *-los* と *-mäßig* に終わる形容詞、同じく第1成分として *erz-* および *haupt-* をもつ造語が派生語と見なされる。これに対して他のすべての造語、すなわち上掲のような造語は複合語と見なされる。だからといって、現代ドイツ語でも複合〈Komposition〉と派生〈Ableitung〉の間に連続関係〈Kontinuumsverhältnis〉がある、という事実に何も変わりはない。そ

4.2 複合と派生の境界

のことはもちろん Fleischer/Barz も分かっていることである。「その際、双方のクラス、つまり接辞のような語が中核と周辺から成っているということ、言い換えれば、クラスを形成している特性が多様な度合いで現れている要素から成っているということを、視野にとどめておかなければならない。従って、一方では接辞のクラスへの分類を促すような特性をもった語/基本形態素が存在し、他方では——基本形態素から生じたが——まだ接辞の全特徴を備えていない接辞が存在する」(1992: 28)。この中間段階に独自の術語を当てるか当てないかは結局好みの問題で、当てなければならないわけではない。それは正しい。だが、当てることももちろんできる。疑うまでもなくそれも正しい。なぜなら、言語学の他の諸分野では実際そうするからである。その例は、同じく数多くの過渡的現象〈Übergangserscheinungen〉が起こる語クラスの命名の場合である。ここでは多機能性〈Polyfunktionalität〉を術語でもって捉えるために、「形容詞副詞」〈‚Adjektivadverbien'〉、「代名詞的副詞」〈‚Pronominaladverbien'〉、「前置詞的副詞」〈‚Präpositionaladverbien'〉、「接続詞的副詞」〈‚Konjunktionaladverbien'〉、「文相当語」〈‚Satzäquivalente'〉のような表現〈Ausdrücke〉が使用される。「動詞的名詞」〈‚verbum substantivum'〉というすでに大変古くなった文法用語〈Grammatikterminus〉はそのようにしてできたものであった。術語に関する言語純粋主義〈Purismus〉は、それが溢れんばかりの言語学の表現を核領域の名称に限定するので、一方では歓迎されるべきことである。——それによって除外される周辺部が、言語上の現実にはやはり存在するのだということが意識されている限りは、それは十分支持できるものである。——他方、言語がたえず発展していることが周辺部で明らかになるので、そこでの過渡的現象が言語学を興味深くさせるのだが、その過渡的現象こそ［核領域の］術語によって捉えることができなくなる。おまけに、擬似接辞という術語の使用を止めることは、近代言語学の発展と矛盾する。この発展を特色づけているものは、一面この過去10年における言語理論による分析に代わって、むしろ再び歴史的な問題提起への指向が現れたこと、

そして他面、語用論的言語学の観点〈pragmalinguistische Aspekte〉によって言語学上の視野が拡大されたことである（これについては Müller 1993: 1 f.を参照）。だがどちらの観点でも、このような過渡的現象こそ興味深いものである。

［練習問題］
構成要素 -frei を擬似接尾辞として分類する根拠を挙げなさい。ドイツ現代語の辞書から haupt- という擬似接頭辞を伴う用例を集め、統語上ならびに意味上の記述を試みなさい。

4.3　派生〈Derivation/Ableitung〉：形容詞

　派生の定義については昔も今も一致が見られる。19 世紀の前半に Jacob Grimm はこれを時代に合わせて美文調でこう表現した。「派生とは、語根〈wurzel〉と屈折〈flexion〉の間に挿入された、語のそれ自体あいまいな増大〈mehrung〉を意味する。その増大によって語根のもつ概念が細分される」(1826:89)。今日ではむしろ形式的特徴と分布的特徴に重点が置かれるが、これが時流に則して英語で大筋は一致してこう表される：「形式上の分類は、語基〈base〉と派生〈derivation〉の間の関係に関して、語幹〈stem〉［の意味］を修飾することによる派生過程のタイプと位置に言及するものである」(Naumann/Vogel 2000)。-ig, -bar, -heit, -erei のような接尾辞は孤立した形式としては一定の意味をもたない、Grimm が具体的に述べているように「もともとあいまい」である。だが語幹（Wortstämme）と結びついて、これらの接尾辞によって「語根の概念がさらに細分される」。fleiß-ig と Frei-heit では接尾辞が品詞を決定している。ess-bar と Sing-erei でも同じく接尾辞が品詞を決定するが、補足的に別の意味特徴を添えている。essbar という形容詞であれば受動の可能性を、名詞 Singerei では語義に悪い意味をもたせる〈pejorativ〉要素を添加している。接尾辞の主な機

4.3 派生:形容詞

能は品詞転換〈,Transposition'〉すなわち品詞の交替〈Wortartwechsel〉であるが、しかし常に少なくとも語のクラス〈Wortklasse〉を決定することである。Fleiß という名詞は接尾辞 -ig によって形容詞に品詞転換される。形容詞 frei は -heit によって名詞になる。語クラスが保持されるのは比較的稀である、例えば縮小接尾辞 -chen と -lein の場合で、Kind-chen, Ring-lein などがある。つまりここでは単に「拡張」〈,Expansion'〉が現れているだけで、「品詞転換」は現れない。-lich という形容詞化の接尾辞〈Adjektivierungssuffix〉は品詞転換と同時に拡張の機能を果たすことができるが、しかしそうでなければならないわけではない。weib-lich, männ-lich などのような造語はたしかに双方の機能を果たしているが、grün-lich, röt-lich などの形容詞派生語〈Adjektivderivate〉の場合はそうでない。

　ドイツ語の派生のケースの圧倒的多数は、付加〈Addition〉によって具現される。すなわち、語幹の異なる位置に接辞がつく。そしてここでもまた特に語幹の終わりに、つまり接尾辞が名詞、形容詞および大幅に縮小した形で動詞にもつく。接頭辞は3主要品詞のすべてで役割を果たしている。最も顕著なのが動詞である。ツィルクムフィクス〈Zirkumfixe〉注5は、名詞の造語においてのみ(比較的乏しい)意義をもつ:Ge-sing-e。接中辞〈Infixe〉は現代ドイツ語には存在しない。Fleischer/Barz (1992:271) は、複合語の複合接合部〈Kompositionsfuge〉の中に入り込んだ接頭辞を接中辞と呼んでいる、例えば verhandlungs-un-fähig の場合。これは純粋に形式的にはそのようにみることができるが、その必要はないし、真性の接中辞のタイプがこのような方法で水増しされることになるので、おそらくまた賢明でないだろう。多くの東アジアの言語、例えばラオス語には真性の接中辞が存在する:ska:t は形容詞で「ざらざらした」〈,rauh'〉を意味する。ここから派生した動詞「ざらざらにする」〈,rauh machen, aufrauhen'〉は s-m-ka:t と言う。ここではつまり語の真ん中に、従って複合接合部でないところに、動詞化接中辞〈Verbalisierungsinfix〉-m- が挿入される (Naumann/Vogel 2000 に別の例が)。「インターフィクス」〈,Interfix'〉という概念については

4. 造語タイプ

2.1.3 章を、「コンフィクス」〈‚Konfix'〉注6についでは 4.4 章を参照。

接辞による派生には「明示的派生」〈‚explizite Derivation'〉という総称〈Sammelbezeichnung〉がある。しかしドイツ語には接辞を用いない派生もある。その代わり幹母音の変化を伴う。この形の派生を「暗示的派生」〈‚implizite Derivation'〉と言う。まれに要素が少なくなることもある。すなわち接辞が添加されるのでなく、省かれるのである、例えば *Notland-ung* に対して *notland-(en)*。ここでは詳しく扱わないが、この形式の造語は「逆成」〈‚Rückbildung'〉と呼ばれる（Fleischer/Barz 1992: 51 f. 参照）。

形容詞は形容詞からも派生することができる（拡張）が、名詞から（拡張と品詞転換）も、さらに——大幅に限定されるが——動詞から（同じく拡張と品詞転換）も派生できる。たいていの別形〈Formvariante〉は名詞からの派生形容詞〈Adjektivableitungen〉である。別の形容詞から派生している形容詞は、現代語では数のうえからいってほとんど重要でない：例を挙げれば *-lich* に終わる色彩形容詞〈Farbadjektive〉（および他の形容詞も）(*rötlich, grünlich, gelblich* などと例えば *kleinlich*) と *-ig(lich)* に終わるいくつかの形容詞(*faulig, elendiglich*)。*-ig-* に終わるいくつかの形容詞の語基は副詞（時の副詞、場所の副詞、および様態の副詞）だが、それらも全体的にみれば現代語では多くはない：*heutig, dortig, etwaig*。たいていの形容詞の接尾辞は *-i-* でもって形成されている/いた (*-ig, -isch, -lich, -e(r)n*) ので、形容詞の語幹の大多数でウムラウトが生じている。位置に基づいた〈positionsbedingt〉区別は、接尾辞派生語〈Suffixableitungen〉と接頭辞派生語〈Präfixableitungen〉である。

4.3.1 接尾辞造語〈Suffixbildungen〉

1） 名詞的語基を伴う形容詞

Kühnhold 等の調査（1978:106）によれば、接尾辞 *-en* もしくはその拡張 *-ern* をもった形容詞の基礎となっているのは 100％名詞ということである。

4.3 派生:形容詞

中高ドイツ語時代以来、拡張形〈die erweiterte Form〉の *-irn*〉新高ドイツ語 *-ern* が古い *-in-* 造語を一部排除し始めている。*-ern* という接尾辞は *-en* よりも分かりやすい。*-en* は形の上で多くの屈折形態素、とくに動詞の不定詞と一致するので、そこで *-en* に終わる形容詞は外見上動詞のように見えることになる。そのため中高ドイツ語の *hulz-în, stahel-în, wahs-în* (ないしは *wehs-în*) は新高ドイツ語では *hölz-ern, stähl-ern, wächs-ern* となった。だがまたそれ以外にたくさんの古い造語も残った:*golden, leinen, metallen, papieren, samten, seiden, wollen* など。もちろん現代語では、既述の例えば:*blechern, bleiern, gläsern, eisern, kupfern, silbern, steinern, tönern* などと並んで、*-ern* に終わる造語の方が多く見られる。

lüstern あるいは *nüchtern* のような形容詞は、イディオム化(ないしは語彙化あるいは無縁化)されている。その理由は語基との関連が薄くなっているか、もはやまったくなくなっているからである(Nacht の場合:古高ドイツ語の修道士言葉〈Mönchswort〉*nuohturn* はラテン語の *nocturnus* からの借用〈Entlehnung〉であり、「夜が過ぎてもまだ飲みも/食べもしていないこと」を意味する)。

-haft に終わる造語は、今日 96.3% が名詞の語基をもった派生形容詞である(Kühnhold 等 1978: 107)。現代語では、*-haft* に終わる形容詞の大半の特性は、語基の名詞の意味の核を表しているだけである:*meisterhaft, knabenhaft, heldenhaft, stümperhaft* など。若干のケースではこの種の造語は *-ig* によって拡張される:*leibhaftig, teilhaftig, wahrhaftig*。そもそも言語史上最も古い接尾辞の一つは、現代語の *-isch* である。*-isch* に終わる形容詞は、ごく一般的に何かあるものへの帰属を表す:*chinesisch, englisch, russisch, spanisch* あるいは *augsburgisch, berlinisch, kölnisch*。それらは人物名との関連で好まれ、しかも動作主名詞〈Nomen agentis〉から形成されることがよくある:*platonisch, drakonisch, lutherisch, mozartisch* などと *dichterisch, erfinderisch, mörderisch, malerisch, schöpferisch*。都市名からの派生語も、今日ではよく動作主名詞を経て形成される:*augsburgerisch* (*augs-*

burgisch と並んで), *berlinerisch* (*berlinisch* と並んで), *münchnerisch, wienerisch* など。

　-ig と *-isch* に次いで *-lich* という派生タイプがドイツ現代語における派生形容詞の大部分を形成している。語基の品詞に関しては、*-lich-* タイプは *-ig* と *-isch* に終わる形容詞ほどもはや特徴的でない。語基が名詞の *-lich-* 造語の大部分は人物名称〈Personenbezeichnungen〉である (Kühnhold 等 1978:263 と Fleischer 1982:269)：*väterlich, fürstlich, feindlich/freundlich, brüderlich, bäuerlich, hausfraulich, menschlich* など。だがまた抽象名詞も語基が名詞となっているものがよく見られる：*wissenschaftlich, kulturgeschichtlich, gegensätzlich, leidenschaftlich, volkstümlich* など。

　ここで記述した接尾辞のほかに、現代語ではほとんど語基である名詞からだけ形容詞を派生する一連の外来の接尾辞〈Fremdsuffixe〉が生産的〈produktiv〉である：*-oid (faschistoid), -ös (religiös)*、ならびに――もっと限られるが *-ant/-ent (charmant, eloquent)* と *-iv (spekulativ)*。

2) 動詞的語基を伴う形容詞

　動詞を語基とする圧倒的多数の形容詞が *-bar* と *-sam* に終わる派生語である。接尾辞 *-bar* (古高ドイツ語の *-bâri*、中高ドイツ語の *-bære*) の基礎には、歴史的に *beran* (「身につける、産む」) に属する動詞的形容詞〈Verbal-Adjektiv〉がある。かなり古い *-bar* による派生語の相当数がこの原義〈Grundbedeutung〉でもって説明がつく。今日では語基が名詞 (*dankbar, fruchtbar*) あるいは形容詞 (*offenbar, lautbar*) をもった *-bar-* 派生語は微々たるものである。

　-bar- による派生語は、同じような意味でよく用いられる *-lich* に終わる派生語と比べると、通常イディオム化の度合いが低いが、動詞語基のものはずっと近い関係にある、例えば *deutbar―deutlich, ausführbar―ausführlich, erklärbar―erklärlich, lesbar―leserlich, vernehmbar―vernehmlich, verwerfbar―verwerflich*。意味が類似しているのは *-sam* と *-haft* に終わる数多

4.3 派生：形容詞

くの［造］語である。今日生産的なのはこの接尾辞で動詞の語基をもつものだけである（むろんとうてい *-bar-* 形容詞ほど動詞に限られることはないが）。それにより *-bar-* 形容詞とある種の競合関係となる：*duldsam, empfindsam, folgsam, leutsam, mittelsam, strebsam, unaufhaltsam* など。またこれらの例で分かることは、*-sam-* 派生語が能動的に用いられる動詞に遡ることのほうが多いということである。これらの動詞では、動詞の活動の対象〈Objekt〉ではなく、主体〈Subjekt〉が重要なのである。

さらにずっと広範囲にわたって *-abel, -ibel* に終わる造語が *-bar-* 派生語と競合する。もっともこの接尾辞 *-abel, -ibel*（ラテン語の *-abilis, -ibilis* からフランス語を経てドイツ語に入ってきた）は、*diskutabel, akzeptabel, respektabel* あるいは *explosibel, disponibel, konvertibel* などのように外来語の語基にしかつかないので、形式に関する競合ではない。

かなり前の造語研究には、「共成」〈‚Zusammenbildung'〉という特別な術語をもった、語群からの派生もある。これが指すものは、*blauäugig, spitznasig, kahlköpfig, kurz- (lang-, mittel-) fristig, zweisprachig, langstielig, vielstöckig, dreimotorig, rotwangig, vielgliedrig, geringschätzig* などのようなとくに *-ig* で終わる形式である。ここで派生が起こるのは個々の語でなく、語群である。この場合、そのための特別な術語はおそらく必要ないという Fleischer/Barz（1992:47）の意見に同意することができる。

［練習問題］
動詞から派生した現代語の *-fähig* に終わる形容詞の形式と機能について記述しなさい。名詞から派生した *-mäßig* に終わる形容詞の機能について記述しなさい。その際次の例を用いなさい。*botmäßig, gewohnheitsmäßig, zweckmäßig, polizeimäßig, mengenmäßig.*

4.3.2 接頭辞造語〈Präfixbildungen〉

　ここでも接頭辞にいわば移り変わりがあると言える。まだ世紀の変わり目頃に、接頭辞 *aber-* は「正反対の」〈‚entgegengesetzt'〉の意味でかなり広まっていた。この接頭辞は *Aberwille*（「反感」〈‚Widerwille'〉）、*Abergunst*（「悪意」〈‚Missgunst'〉）、*Aberkaiser*（「対立皇帝」〈‚Gegenkeiser'〉）、*Aberweg*（「間違った道」〈‚Abweg'〉）、*Abergrund*（「反対理由」〈‚Gegengrund'〉）などのような語にでてきた。現存する現代ドイツ語の諸辞書にはわずか *Aberglaube* と *Aberwitz*（これもすでに「時代遅れ」という付記をともなって）しか記載がない。現代語の生産的な名詞類接頭辞〈Nominalpräfixe〉は、なかでも *un-* と *ur-* である。どちらも特定の意味をもち、系列形成的な働きがある。接頭辞 *un-* は否定の接頭辞〈Negationspräfix〉として特に形容詞につくが、ただしいろいろな理由からすべての形容詞にとはとても言えない。例えば **unschwarz, *ungelb, *unrot* などの形式は、慣習化されて〈konventionalisiert〉いない。そのわけは、色彩名称〈Farbbezeichnungen〉が段階的〈skalierend〉表現であり、これを否定しても無意味な情報を伝えることになるだろうからである。物質名詞の場合、つまり **unsilbern, *unblechern, *ungläsern* などでは、段階付け〈Skalierung〉は存在しないが、状況は類似している。**ungroß/*unklein, *undick/*undünn, *unlang/*unkurz* などの形式は一般に用いられない。対極に立つことができる形容詞は通常 *un-* という接頭辞がつかないからである。ところが、それらの形容詞のいくつかは接頭辞をとることができる。ただしここでは普通一般に肯定的な内容の形式だけ、つまり *unschön/*unhässlich, unrichtig/*unfalsch, ungut/*unschlecht* ないし **unböse* などである。なぜなら言語慣用からいうと、否定的な内容の形式をさらに否定によってふたたび肯定的にするよりも、肯定的な内容の形式を否定する方が賢明のように思われるからである。だが特定の文体効果（例えばイ

ロニー）を得るためなら、それはもちろん可能である。例えば *un-schwanger* のような *un-* という前綴りのついた形式が慣習化されない〈Nichtkonventionalisierung〉理由を的確に述べることは、時としてきわめて難しい。*un-* は形容詞から派生した名詞もとっている：*Unreife, Unfreiheit, Ungerechtigkeit* など。しかし、元の形式としての形容詞がその基礎にない名詞の場合でも *-un* が見られる：*Unlust, Unkraut, Unmensch* など。だが名詞の場合、否定の機能がもはや一貫して与えられているわけではない。相当数の名詞で、*un-* は否定の働きでなく、強めの働きをしている：*Unmenge, Unsumme, Unzahl* など。同じような、しかしほとんど鏡像のような条件下にあるのが名詞接頭辞 *ur-* である。例えば *Urmensch, Ursprache, Urbild, Urgroßvater, Urstoff* などのような名詞において、接頭辞 *ur-* は「以前のこと、本源的なこと、とっくに過ぎ去ったことなど」〈‚Früheres, Ursprüngliches, längst Vergangenes etc.'〉を表している。これ以外に *ur-* は特に名詞から派生した形容詞にも現れる：*ursprachlich, urgroßväterlich, urbildlich, urmenschlich, urstofflich*。また *ur-* にも増大、強めの働きが存在する。*un-* と *-ur* の両接頭辞は多くの複合語において、例えば *Unfall, Unflat, Ungebühr, Unrat* ないし *Urteil, Urkunde, Ursache* のような語におけるように、系列形成的な特有の意味をもたない。

　これら2つの接頭辞 *un-* と *ur-* のほかに、現代ドイツ語では外国語からの、たいていがギリシャ語かもしくはラテン語からの大量の接頭辞が用いられている：*a-, anti-, in-, miss-, extra-, hyper-, super-, auto-, intern-, mono-, poly-* など。

[練習問題]
現代語の辞書や歴史的な辞書から接頭辞 *erz-* をもった名詞を拾い出してまとめなさい。この接頭辞の音声と意味に関する歴史、ならびに現代語におけるその生産性について論じなさい。

4.4 動詞の造語 〈Wortbildung der Verben〉

　動詞の造語は名詞や形容詞の造語とは異なる。名詞の造語の主たる領域は複合語であり、形容詞の造語では派生語が支配的な役割を演じている。動詞の場合も複合と派生ということになるが、しかし名詞類の造語の場合とは事情が異なる。単一動詞は左側にさまざまな［動詞］付加語〈Zusätze〉を付けることによって拡大できる。その付加語は一部特定の統語上の位置では独立した要素として現れる。それによって生ずる「文枠」〈,Satzklammer'〉あるいは「動詞枠」〈,Verbalklammer'〉によって定形〈Finitum〉と不定詞〈Infinitum〉の間に非常に大きい分離が生ずる。これがよく外国人に茶化されたり（もっともよく知られているのが、1878年の *A Tramp Abroad* のなかでの Mark Twain の描写かもしれない)、また、たびたびドイツ語の本質的特性を表わす典型的表現とみなされたりする。

　接頭辞動詞〈Präfixverben〉(「接頭辞を伴う動詞」とも言われる)、つまり、動詞語幹から分離しない要素を用いて造られている動詞の場合は、そのようなことは起こらない。従って、接頭辞動詞はまた動詞の造語のもっとも興味深い変異体〈Variante〉ではないかもしれない。ここで特徴的なことは、研究文献のなかにほとんど対立も見られないことである。他の動詞の造語モデルでは、部分的だが非常に多様な見解が存在する。形態論の章（2.1）で核形態素、派生形態素、および不変化詞形態素〈Partikelmorphem〉の間で区別がなされた。最後のものは、すでに述べたところであるが、一部造語に関与している。それらは *an, auf, bei, nach, vor* などのような形態素、特に前置詞で、動詞（または名詞および形容詞）の一部になることができ、さらにほんの一部だけが統語論に基づいて自由形式として、すなわち平叙文の配語のなかに X *kam, weckte, pflichtete, holte, stellte ... an, auf, bei, nach, vor* のように現れることができる。不変化詞形態素の付加ということで、当該の動詞、すなわち *ankommen, aufwecken, beipflichten, nachholen,*

4.4 動詞の造語

vorstellen などを接頭辞動詞として分類することは理に適わない。接頭辞が、接尾辞同様形態素として原則的にあらゆる位置で拘束されているということによって定義されているからである。(Fleischer/Barz—1992: 316-320 —だけは関与している形態素類〈Morphemklassen〉の違いから出発するよりもむしろ意味機能の原則上の共通点から出発して、このような動詞も接頭辞添加〈Präfigierungen〉のクラスに分類している。)動詞の造語における *an-, auf-, bei-, nach-, vor-* などの形式が、文中での同音異義の前置詞 *an, auf, bei, nach, vor* などと別の機能をとるため、記述も異ならざるをえないことを論証することができるであろう。この関連でときおりコンフィクス〈Konfix〉という術語（Fischer 1985 が初めてか？）が、共義語〈Synsemantika〉注7のクラスに属し、語となることができる〈wortfähig〉、拘束された基本形態素の名称として現れる。もっともそれが指しているのは、唯一形態素〈unikale Morpheme〉との類似性はあるが、それとは異なり造語の生産性に関して能動的な〈wortbildungsaktiv〉要素、すなわち *bio-, geo-, stief-* のような要素である（これについては Fleischer/Barz 1992: 25 を参照されたい）。前置詞と同音同形異義の動詞部分との意味／機能の違いを用いた論証が、このような形式を接頭辞添加（あるいはコンフィクスを伴う造語）として分類することに必然的につながるというわけでなく、複合語のクラスへ分類することもできる。というのは、どの複合語でも要素の意味／機能がそれと対応する同音同形異義の自由形式と異なっているからである。すなわち *Haustür, Hausfrau, Haushalt, Hausmädchen* などのような語は、必ずしも *Haus* と *Tür, Frau, Halt, Mädchen* といった語の（一部、例えば2格のシンタグマ〈Genitivsyntagma〉として、統語的に表された）意味の単純な合計〈Addition〉結果などではなくて、複合語として多様で、特異な〈idiosynkratisch〉、語彙特徴を備えたものである。もちろん *an-, auf-, bei-, nach-, vor-* などのような要素は、動詞と結びついた場合、上例のどの名詞よりも失われる具象性の度合いは高いが、決して自義的な〈autosemantisch〉意味をもたない接頭辞に匹敵するほどでもない。つま

り、この種の動詞の造語を特殊な複合、すなわち「不変化詞複合」〈‚Partikelkomposition'〉と解釈するのに有利な点がかなりある。だが不変化詞複合語が派生と複合の間のどこかにあるということは、銘記する必要がある。すなわちここでも連続関係〈Kontinuum-Verhältnis〉が有力だが、他の数多くの現象同様、明確な分類は可能でない。接頭辞動詞を派生語として略述し、次いで不変化詞動詞〈Partikelverben〉の（明確さに一段と欠けるだけに興味深い）記述、そして間違いなく複合語のクラスに入る「動詞付加語を伴う動詞」〈Verben mit Verbzusatz〉の記述が続く。

4.4.1 接頭辞添加〈Präfigierung〉

　動詞は伝統的に比較的小さなグループの接頭辞を用いて形成される。それらの接頭辞は分離せず統語上どの位置でも動詞と結びついているもので、拘束形態素としてしか現れない。つまり造語形態素としてしか現れない *be-, er-, ent-, ge-, ver-*, そして *zer-* といった接頭辞である。このほかに同じく数に限りのある動詞接尾辞〈Verbalsuffixe〉、すなわち *-ier-, -(e)l-, -r-, -s-, -ig-*, そして *-z-* といった接尾辞が存在する。これらの接尾辞はもはやほとんど生産的でないので、動詞の造語ではそれらは副次的な役割を演じている。接頭辞には、接頭辞を添加された動詞〈präfigiertes Verb〉とそれに対応する単一語〈Simplex〉とを意味上区分する機能が備わっている。従って *greifen* に対する *begreifen, hören* に対する *erhören* もしくは *gehören, täuschen* に対する *enttäuschen, machen* に対する *vermachen, reißen* に対する *zerreißen* のような対〈Paare〉が生じる。このほとんどの例の単一語と接頭辞添加の間に、もはやほとんど関連を見て取ることができないくらい意味の区分が、進んでしまっていることが分かる。ただ *enttäuschen* と *zerreißen* といった例の場合だけは、しかも後者ではこの関連が一層はっきりと感じられる。*be-, er-, ver-* ならびに *zer-* だけが、いまなお現代語でも制限的ではあるが系列形成的〈reihenbildend〉かつ生産的である：量的に

4.4 動詞の造語

は非常に少ないが、例えば *besteigen, betreten* の *be-*。ここでは *be-* は結果相〈resultativ〉を作り出す。他の造語、例えば *glückwünschen* 対 *beglückwünschen* では統語上の用法〈Verwendungsweise〉だけが変わる。少数だが *er-* もまた、*arbeiten* 対 *erarbeiten, grauen* 対 *ergrauen, grünen* 対 *ergrünen* のような対において。この場合の *er-* 形にも結果の〈resultativ〉意味がある。最後に、*zer-* も結果の意味をもつことができ、これらの形式の方がずっと数が多い。いまアルファベートの初めの方からほんの少しだけ例を挙げると：*zerbersten, zerbomben, zerbrechen, zerbeulen, zerdrücken, zerfasern, zer- fetzen, zerfleddern, zerfließen, zerfransen* など。

　動詞接尾辞のうち *-(e)l-* 造語には、縮小の機能と一部には語義悪化の機能〈pejorative Funktion〉が備わっている。異音の変異体〈allophonische Variante〉としての *-isie* と *-ifizier-* をもつ接尾辞 *-ier-* はほとんどの場合外来語の語基にしか付かず、意味的機能はもたない。従って、この形式をそもそも接尾辞とするかどうかをめぐって議論されている。接尾辞とするその唯一の根拠は、その接尾辞がとにかくそこに存在するということにある。Fleischer/Barz（1992: 311 f.）は明らかにこの立場をとる。つまり彼らが一方では *-ier-* を動詞の接尾辞に分類し、もう一方では *-ier-* に終わる造語を品詞転換〈Konversionen〉、すなわち造語形態素を用いない造語〈Wortbildungen ohne Wortbildungsmorpheme〉と解釈しているからである。これは確かに一貫性には欠けるが、しかし実際的な解決法である。*-ier-* を接尾辞としてではなく、外来の語基からの可能な異音による語幹の拡大と解釈する方がおそらく適切であろう。他の接尾辞も、現れる数に非常に限りがあるが、似たような状況にある：*quieksen, belobigen, duzen/siezen*。

　動詞の造語における接頭辞や接尾辞より数は多くはないが、注目すべきは、不変化詞複合語〈Partikelkompositionen〉やいろいろな種類の動詞拡張詞〈Verberweiterungen〉を伴う動詞である。

[練習問題]
現代ドイツ語の動詞 *verblühen, verzuckern, verbauen, verkalken, versetzen, versagen, verführen* の接頭辞 *ver-* の意味を記述しなさい。

4.4.2 不変化詞複合〈Partikelkomposition〉

膨大な数の動詞が不変化詞 ― その大半が *ab-, an-, auf-, bei-, ein-*[注8], *mit-, nach-, neben-, vor-* などのような前置詞 ― と結びつくことができる。それらの大部分、すなわち語アクセント〈Wortakzent〉をもつものは、当該の統語上の環境のなかで語幹〈Stamm〉から分離する。そのうちのいくつか、つまり *dúrchmachen, übersetzen, úmfahren, únterkriegen, wíderhallen* のそれぞれ *durch, über, um, unter, wider* は、これらの不変化詞に語アクセントがある場合は分離が可能である。それらは意味が変わるとアクセントが語幹に移り、分離が起こらなくなり、決して語アクセントが置かれることのない接頭辞のように統語上扱われる。この用法では接頭辞動詞〈Präfixverben〉に類推して、過去分詞でも *ge-* が脱落する：*Ich habe übergesetzt* 対 *Ich habe übersetzt.*[注9]

不変化詞にはおうおうにして語彙化を引き起こす独特な意味機能がいろいろ備わっている。ところが、例えば接頭辞動詞（これについては例えば Hundsnurscher 1968 を参照）におけるように、ここにも造語モデル〈Prägemodelle〉、つまり系列形成的な語彙〈reihenbildende Nischen〉が存在する。この造語モデルによって類似した新造語〈analoge Neubildungen〉が生まれる、例えば「争いごとに決着をつける」という意味の *aus-* を伴った動詞のモデル。同じく *aus-* を伴う別の造語モデルというと、*aus-* に「空の」〈,leer'〉あるいは「なくなった」〈,weg'〉という一般化の機能が備わった *ausbeulen, ausbaggern, ausbluten, ausbrennen, auslöffeln, aussaugen* などの他動詞あるいは自動詞の不変化詞動詞であろう。どちらかといえば一般的な機能としては「不変化詞によって動詞の動作態様が決定されることが

よくある。つまり継続的〈durativ〉に対する点的〈punktuell〉、起動的〈ingressiv〉、あるいは結果的〈resultativ〉という動作態様である」と言えるであろう。例としては、*aufblühen, verblühen – blühen, schlafen – einschlafen, aufgehen – untergehen, brennen – verbrennen* などの一連の動詞を挙げることができる。

不変化詞を1つだけ伴った動詞〈einfache Partikelverben〉の他に、二重の不変化詞〈Doppelpartikel〉を伴う動詞も存在する：*davonkommen, dazuverdienen, dazwischenfahren, einhergehen, heraus-kommen, herumgehen, hervortreten, hinaufklettern, hinwegzaubern* など。

4.4.3 動詞付加語を伴う動詞
〈Verben mit Verbzusatz〉

動詞付加語を伴う動詞の場合、関わっているのが不変化詞形態素〈Partikelmorphem〉でなく、自由形態素〈freie Morpheme〉、すなわち語〈Wörter〉注10なので、それらは不変化詞複合語ではない。要するに、それは限定複合語の特殊形式〈Sonderform〉である。例えば *bauchreden, danksagen, dauerparken, haushalten, hohnlachen, hohn-sprechen, lichthupen, lobpreisen, notleiden, sackhüpfen, schauspielen, schautanzen, schlittenfahren, schritthalten, schutzimpfen, staubsagen* などのような形式では、第1成分に名詞がくることができる。新しい正書法規則ではこのような複合語の扱いは特にむずかしく、およそ一貫性が見られない。*danksagen* では他に分かち書き〈Getrenntschreibung〉も認められる、つまり *Dank sagen*。*schritthalten* の場合は、今や分かち書きが唯一当てはまる規範である：*Schritt halten*。*dauerparken* や *lichthupen* あるいは *schautanzen* のような形式は、新しいドゥーデン正書法にはまったく記載がないが、それらは載せる必要がないのであろうか？ 第1成分が形容詞のこともある：*bereittreten*、とくに *fest-* を伴う形容詞が多い：*festhalten, festlegen, festliegen, festmachen, fest-*

rennen, festschreiben, festsaugen, fest-schnallen, festsetzen など、*gesundbeten, gesundschreiben, gesundschrumpfen, gesundstoßen* など、*kurzarbeiten, liebäugeln, offenhalten, richtigstellen, schönförben, steifhalten, trockenlegen, vierteilen, volltanken* など。ここでも一部新しい規則が適用される。すなわち今後は *offen halten, steif halten, richtig stellen* および *voll tanken* だけである。さらに稀だが、第１成分として動詞を伴って：*kennenlernen, mähdreschen, saugbohnern, sitzenbleiben, sitzenlassen, stehenbleiben, stehenlassen, warnstreiken* など。ここでは新しい規定〈Regelungen〉がとくに広く及んでいる：すべての形式が今後分かち書きされる（*mähdreschen, saugbohnen* ならびに *warnstreiken* は記載されていない）。

　こういった造語の統語的な使用の可能性は限られていて、しかも一部非常に不確かである。語アクセントが第１分節にあるので、第１分節自体は不変化詞動詞〈Partikelverben〉のように扱われなければならない。すなわち第１分節は当該のコンテクストでは分離されて現れ、分詞では *-ge-* が間に挿入されなければならない。ところがこれが適用されるのはごく限られている。ドゥーデンはこの場合抑えた発言をしている。*bauchreden* では例えば「たいていの場合不定詞しか用いられない」とある。これは確かに正しい。——だれしも認めるようにずっと稀だが——それ以外の場合はどうなのか？　そこでは *er redet bauch* あるいは *er bauchredet* と言うが、また *er hat bauchgeredet* あるいは *er hat gebauchredet* と言うだろうか？　*danksagen* と *staubsaugen* ではそれは使用者の好みにゆだねられる。つまり、*ich danksage, ich habe gedanksagt, ich staubsauge, ich habe gestaubsaugt* あるいは *ich sage Dank, sauge Staub* ないしは *ich habe Dank*（この場合は大文字で！）*gesagt, Staub*（同様に！）*gesaugt* か。*haushalten* は通時的に〈diachronisch〉評価が下される。*ich haushalte* は「古風」〈veraltet〉とみなされ、*ich halte Haus* が現代風〈zeitgemäß〉とみなされる。このように言語使用者（とりわけ母国語がドイツ語でないため母国語話者よりも頻繁に辞書を引かざるをえない人）はここでは辞書を引かなくて済む十分自立の状態に

4.4 動詞の造語

ある。しかしこのことから、このような造語がまだ文法上の規範が定まっていないということや、言語の発達が進行中であることが分かる。そういったことがこの現象をもちろん興味深くするのである。

[練習問題]
次の動詞を、ここで述べた動詞の造語タイプに分類し、その判定の理由を述べなさい。
durchtrennen, loslassen, recyceln, layouten.

5. 造語とテクスト
Wortbildung und Text

　テクストの構成〈Textkonsitution〉の一般的特徴を体系的に記述するものと解されてきたテクスト言語学〈Textlinguistik〉は、今日一般に文体論の上位概念として捉えられる。文体論では、特定のテクストおよびテクストの種類の個別的特徴を扱うのがその課題とみなされる。言語学の研究は、70年代に入ってやっとテクスト言語学における造語の機能に取り組むこととなった。例えばSchröder（1979；そこにはそれまでに出版された研究寄稿論文〈Forschungsbeiträge〉での議論も掲載）の論文〈Aufsatz〉などほとんどの論文で問題にされるのがテクスト編成の〈textverflechtend〉機能、つまりテクストの結束性〈Textkohärenz〉を作り出す造語〈Wortbildungen〉の機能である。さらに興味ある目標を設定して取り組んでいるのがDederding（1982）である。彼が重要視するのは、ドイツ語の特許明細書の中の新造語を例に、綿密に調査した、造語のもつあらゆる関与的〈relevant〉テクスト機能である。コンテクスト〈Textzusammenhang〉からの新造語〈Neologismen〉の発生に関しては、Matussek（1994）も取り組んでいる。テクスト言語学の観点から見た造語は、多様な種類のテクストの中で数多くの新造語が生まれるため、とりわけ興味深い。つまりそこで使われる言葉が、その生彩〈Lebendigkeit〉や創造性〈Kreativität〉ならびに活力〈Vitalität〉をとくに克明に発揮するからである。それだけに、互いに孤立した多様なアプローチの集成として、要約かつ統合する形で扱った研究が（私の知る限り）まだ存在しないとは、いささか驚きである。

5.1　文の代名詞化〈Satzpronominalisierung〉

　他の言語要素と並んで、造語も要素の再録〈Wiederaufnahme〉や前方照応的〈anaphorisch〉指示および後方照応的〈kataphorisch〉指示によって文連結〈Satzverknüpfung〉に寄与するところがある。すでに伝統的な言語学にも、暗示的で、しかもどちらかといえば副次的なこととしてだが、別の術語を用いたこのことがらの記述がある（Dederding 1982: 30 f.の要約を参照）。テクスト中の名詞化〈Nominalisierungen〉には、テクスト言語学上、前方照応的に用いられた代名詞のそれに匹敵するような機能がよく見られる。

(1)　　*Frau Meier* geht in die Stadt. *Sie* will einkaufen.
　　　　〈Meier 夫人は町へ行く。彼女は買い物をしようと思う。〉
(2 a)　*Hans Schmidt hat die Bronzemedaille errungen. Dies* hat in unserem Team allgemeine Freude ausgelöst.
　　　　〈Hans Schmidt は銅メダルを獲得した。このことが私たちのチーム全員に喜びをもたらした。〉
(2 b)　*Die Erringung der Bronzemedaille durch Hans Schmidt* hat in unserem Team allgemeine Freude ausgelöst.
　　　　〈Hans Schmidt による銅メダルの獲得は私たちのチーム全員に喜びをもたらした。〉

　2 b)の名詞化 *Erringung* には文全体とその代名詞化が前提にある。そこで、このような場合文の個々の要素だけが前方照応的に代名詞によって再録されるケースに類推して、「文の代名詞化」〈‚Satzpronominalisierung'〉と呼ばれる。

　名詞化はその基礎になっている動詞の結合価の特性を保持する。名詞化は

文の主語か目的語であって、動詞の結合価が名詞の結合価に移行するので、動詞の補足語は形式上、変化対応して現れなければならない。文の能動-受動-関係との比較が可能である。

1)　Der Bürgermeister　　*eröffnet*　　　　die Ausstellung.
　　　補足語主格　　　　　　　　　　　　　　補足語対格
　　〈市長が展覧会の開会を宣言する。〉

　　Die Eröffnung　　　der Ausstellung　　durch den
　　　　　　　　　　　　　　　　　　　　　　Bürgermeister...
　　　　　　　　　　　　補足語対格→　　　　補足語主格→
　　　　　　　　　　　　二格付加語　　　　　前置詞格補足語

〈市長による展覧会の開会宣言〉

　機能動詞構造〈Funktionsgefüge〉や他の語彙化した動詞句〈Verbverbindungen〉においては、定動詞〈Finitum〉とそれと直接結びついている部分との間にある関係がたいへん密接なので、名詞化の際にこれらの部分は名詞化形に取り込まれる。例えば：

　　außer Acht lassen　　　→　die Außerachtlassung
　　〈顧慮しない〉　　　　　　　〈顧慮しないこと〉
　　in Betrieb nehmen　　　→　die Inbetriebnahme
　　〈操業を開始する〉　　　　　〈操業開始〉
　　zu Stande/zustande kommen →　das Zustandekommen
　　〈成立する〉　　　　　　　　〈成立〉

　テクストの脈絡のなかでは、名詞化の際に統語的かつ意味的に前提となる補足語〈Ergänzungen〉は、先行文〈Vordersatz〉でそれらがすでに挙げられている場合に限って省くことができる。

5.1 文の代名詞化

1) Der Bürgermeister　　*eröffnet*　　die Ausstellung.
   補足語主格　　　　　　　　　　　　補足語対格
   〈市長は展覧会の開会を宣言する。〉

2) Die *Eröffnung*　　　findet um 11:30 Uhr statt.
   〈開会式は11時半に行われる。〉

　*eröffnen*という動詞が結合価2なので、動作主〈Agens〉、すなわち行為者〈Handlungsträger〉としての主語と、この行為の対象としての目的語を必要とするので、文1)がなければ文2)は意味をなさない。あるいは依存関係文法で言うと、「*eröffnen*という動詞は2価であって、1格の補足語のほかに4格の補足語を必要とする」となる。これらの義務的な補足語がテクストの脈絡のなかで名詞化される場合、超文分析法上〈transphrastisch〉の役割分担が可能であり、それにより文の結合〈Satzverknüpfung〉が生まれ、テクスト構成〈Textkonstitution〉の要因となる。

(1) Der Vertrag *kommt* nun doch zustande.〈契約は今やはり成立する。〉
    補足語主格

(2) Dieses *Zustandekommen* ist dem Umstand zu verdanken, dass ...
    〈この成立は…という事情のお蔭である。〉

もちろん2)に代わる文代名詞化も可能だし、よくある。

　Dies ist dem Umstand zu verdanken, dass ...

［練習問題］
ここで問題になっている文代名詞化を考慮に入れて、次のテクストを分析し

なさい。

(1) Jede schriftliche Arbeit wird gesondert von zwei Prüfern selbständig unter Verwendung des 6-Noten-Systems bewertet.

(2) Die Bewertung ist sowohl vom Erst- als auch vom Zweitprüfer in jedem Einzelfall durch sachbezogene Korrekturanmerkungen an der entsprechenden Stelle der Prüfungsarbeit ... ausreichend und schlüssig zu begründen.

(3) Die Begründung muss in sich logisch und verstbndlich sein und folgerichtig zu der abschließenden Bewertung hinführen.

(4) Die Schlussbemerkung...wird zur Wahrung der Anonymität des Prüfers nicht unterschrieben.

5.2　„置換〈Substitution〉と指示〈Verweisung〉の手段" としての造語

　Dederding（1982: 36-4）は、Seppänen（1978: 147 f.）の例を手がかりに造語、とくに即席の名詞類複合語〈okkasionale Nominalkomposita〉のテクスト構成上の特性を論じている。その例であるテクストは以下のとおりである：

　　Der Hund stand auf jener Stelle an dem Teppich dort.
　　〈その犬は、あそこのじゅうたんのわきの例の場所に立っていた。〉
　　Die Teppichstelle ist jetzt eigens markiert.
　　〈そのじゅうたん〔わき〕の場所は今わざわざ印が付けられている。〉

　即席の名詞類複合語 *Teppichstelle* は、語彙論的に他の造語に類推して記述しても明確にはならず、ただコンテクストの特徴に遡ること、すなわちここでは先行文の語 *Teppich* と *Stelle* に関連づけることでしか明白な記述は

5.2 „置換と指示の手段"としての造語

得られない。Seppänen と Dederding にとってそこから生じるものは、即席造語の分析が原則的にテクスト言語学指向の言語記述の枠内でしか可能でない、という一段と進んだ要請である。*Teppichstelle* という複合語は、先行文の要素に入れ換わる〈substituieren〉ことでテクスト連関〈Textverflechtung〉を生む。前の章で述べたように、一定の造語を文の代名詞化と解釈すると、代名詞化が対応する代名詞による指示的意味〈referentielle Bedeutung〉をもつ要素の置換以外の何ものでもないので、置換の機能は説得性のある〈zwingend〉ものである。ある要素が別の要素に代わる場合、つまり入れ換わる〈substituieren〉場合、その置換要素はまた被置換要素を指示し〈verweisen〉なければならない。代名詞は語クラスの所属からいうと、非指示的要素〈nichtreferentielle Verweiselemente〉であって、指示的要素〈referenzielle Elemente〉注11に代わる（*das Haus > es, der Mann > er, die Frau > sie*）。これに対して代名詞的テクスト機能〈pronominale Textfunktion〉をもった名詞類複合語は、つねに指示的要素である。非指示的要素は他の要素との連関〈Konnex〉を作り出し、テクストを結束する働きが大きい。指示的な要素には、それらが指示する要素同様、さらに意味特徴が含まれる。例えば Kallmeyer 等（1974: 215）は、この違いを「指示指令」〈„Referenzanweisung"〉に対する「連関指令」〈„Konnexanweisung〉と呼んでいる。Dederding (1982: 41) は、彼が論じた即席の名詞類複合語のタイプでは限定的要素、彼の例でいうと *Teppich-* がテクストとの連関〈Konnex〉を作り出し、一方で被限定的要素の *-stelle* がテクスト中の要素との意味上の対応を指示するように〈textreferentiell〉機能するといった具合に、連関指令と指示指令がつねに配分されている、と考える。彼にとってこのテーゼの間接証拠となるのは、ここでテクスト言語学上同一の機能を有すると思われる非指示的な代名詞（*sie, diese* など）による *Teppichstelle* の置き換えも可能だという事実である。

ところが、Dederding の多くの証明資料にあるように、先行文の名詞類複合語を構成しているすべての要素が、名詞句の要素として現れる場合しかそ

5. 造語とテクスト

のことは当てはまらない。先行文の要素を部分的にしか取り上げていない即席造語では、例えば以下のテクストの例（Der Spiegel, Juli 1977 から）におけるように、意味・コンテクスト上の関係は異なる。

Ernst Fricke, der Präsident des Bundesligaklubs Eintracht Braunschweig, schlug Günter Mast einen Wildwechsel im Vereinswappen vor: „Für 500 000 Mark schießen wir unseren Löwen ab und tragen deinen Hirschkopf." Mast stimmte zu, doch der gehörnte Verband hetzte seine Schiedsrichter auf den Fußballplatz-Hirsch[注10]. Die Fußballbündler mussten schließlich nachgeben.

〈ブンデスリーガのクラブ Eintracht Braunschweig の会長 Ernst Fricke は、協会の紋章である猟獣の変更を Günter Mast に提案した。「50万マルクで私たちは私たちのライオンを射止めて、君の鹿の頭をつけよう。」Mast は同意したが、しかし角の生えた連盟はその審判員たちをサッカー場の鹿にけしかけた。サッカー連盟の人たちは結局譲歩しなければならなかった。〉[注12]

Fußballplatz-Hirsch と *Fußballbündler* の2つの即席造語は、*Dederding* によって引き合いに出された例とは違った行動をとる。被限定的要素 *-hirsch* と *-bündler* はそれぞれ *Hirschkopf* と *Verband* への連関〈Konnex〉を産む。一方、限定的部分である *Fußballplatz-* と *Fußball-* は、テクストの全般的なテーマ「サッカー」を指示しながら〈referierend〉再録する指示指令〈Referenzanweisungen〉である。そもそも連関と指示をこのように分けることができるなら、ここでの連関と指示の分布は、Dederding によって論じられた例とは正反対の関係にある。*Verband* ― *Fußballbündler* といった連鎖〈Folge〉のもつテクスト結束機能〈die textverflechtende Funktion〉は、テクストの一貫したテーマに同時に関連づける別の形をした語を再録していることにある。つまりその編成機能は

-116-

5.2 „置換と指示の手段"としての造語

Dederding の例よりもずっと複雑である。

即席新造語である *Teppichstelle*, *Fußballplatz-Hirsch*、および *Fußballbündler* に共通するのは、それらの意味がそのときどきのコンテクストに関連づけられることでしか明らかにならないことである。だが後の2つの語では、さらに文脈自由な〈kontextfrei〉意味特徴が付け加わる。すなわち生息区域でのその属〈Gattung〉の最強の獣である Platzhirsch の特徴と、読者がここで連想して結び付ける -*bündler* を伴った最もよく知られた複合語である *Geheimbündler* の特徴である。つまり即席造語のあいまいさを取り除くのは、コンテクストだけでないことがよくある。類似する慣習的造語〈usuelle Bildungen〉の連想的喚情〈die assoziative Evokation〉がこれに加わる。そのときいっしょにそれらの慣習的造語の意味特徴が、即席の新造語の中に入り込むのである。

gehbehindert に類推した例えば *beißbehindert*、あるいは *unübersehbar/unüberhörbar* に類推した *unüberreichbar*、*Nichteinmischung* に類推した *Nichtbefassung*、あるいは *Diktatur* に類推した *Demokratur* のような新造語〈Neologismen〉は、一部類推による部分的代入〈Ersetzungen〉である。これにはさまざまな知識が必要である。いま挙げた例には言語上の知識が必要である。他の造語はエピソード記憶に結び付いている。80年代に流行していて、今日ではひょっとすると中年の人たちの記憶にしか残っていない *Waterkantgate, Milchglasnost, Waansinn* のような造語のすべてが、一定の政治的な出来事と関連して造られた新造語である。この種の造語は、当該の出来事が話題になり、議論され、論評される限り、存在し、理解され、多様に使用される。それは何週間、何ヶ月、あるいは何年かもしれない。どの時代にも突出した出来事に特有である典型的な新造語彙〈Neologismen-Vokabular〉が存在するものである。

経験を基にした、コンテクストに制約される即席新造語〈okkasionelle Neologismen〉は Matussek（1994）も扱っている。彼女はそこで新造語を「目立たない」〈„unauffällig"〉と「目立つ」〈„auffällig"〉そして「極端に

目立つ」〈,,extrem auffällig"〉に分類している。この分類によれば、上掲の例はすべてこの最後のグループに入るであろう。

[練習問題]
以下のテクスト (Süddeutsche Zeitung 26.10.1985) の語および造語の「置換」〈‚Substitution'〉と「指示」〈‚Verweisung'〉の機能を記述しなさい。

,,Alles zu seiner Zeit!" sagte anno dunnemals das Großmütterlein und färbte am Karsamstag mit Zwiebelschalen oder mit dem Pinsel aus dem Malkasten die Ostereier ein. Das Nest zum Fest für die Enkel war pünktlich zur Auferstehungsfeier fertig. Heute ist man mit den speziellen Anlässen nicht mehr so pingelig. ,,Einmal Ostern — immer Ostern" sagt sich die färbende Eierindustrie und legt ihre bunten Produkte in Supermärkten oder Mehrzweckbäckereien nahezu ganzjährig aus. Das Oster-Ei wird vom gleichnamigen Brauch quasi abgeschält und als Dutzendware verscherbelt ...

5.3 造語の ,,テクストに依存した容認可能性"
〈textgebundene Akzeptabilität von Wortbildungen〉

　潜在的な語彙項目〈Lexikoneinträge〉としての即席造語は、それらが言語参加者によって受け入れられる場合、原則的にテクストないしはテクストの種類に縛られている。実際それらは造語として決して孤立して現れることがなく、つねにコンテクストの中に現れる。たいていの言語参加者は、たとえ *Berentung* のような派生語が *Bebauung, Bepflanzung* などと同列に置かれても、おそらくそれを語彙項目としては容認しないであろう。これに対して、次の例が示すように (Der Spiegel, Juli 1977)、テクストの脈絡〈Textzusammenhang〉の中では、この造語は何の問題もなく受容が可能である。

5.3 造語の „テクストに依存した容認可能性"

Die Zwangspensionierung (...) kann einen Beamten umbringen, wenn sie seinem Leben jeden Sinn nimmt (‚Pensionierungstod'). Nicht anders mag eine normale Berentung wirken: Jede Entlassung aus dem Arbeitsprozess vermindert die überlebenswichtige Fähigkeit, sich selbst und andere richtig einzuschätzen.

〈強制的な年金付き退職（…）は、そのことで公務員の人生のすべての意味が失われるとしたら、彼を死に至らしめることにもなる（「退職死」）。通常の年金授給も与える影響に違いはないであろう。作業工程からのいかなる解任も、自分自身や他人を正しく評価するという、生き残りにとって重要な能力を低下させるものである。〉

Berentung という名詞化と並んで、慣習的でない造語 *Zwangspensionierung*, *Pensionierungstod*, そして *Arbeitsprozess* もでてくる。これら3つの造語のうちの最初のものは、（完全）有縁なもの、自由に統合できるもの〈frei synthetisierbar〉として記述することができるであろう（3.4章参照）。おそらく、それは当該のコンテクストがなくても理解され、容認されるであろう。複合語の *Arbeitsprozess* はコンテクストによって曖昧性が除去される。すなわち、*Arbeitsgeschehen* あるいは *Arbeitswelt* として解釈され、他のコンテクストが要求するような *Gerichtsverhandlung*〈公判、審理〉: *Herr A. führt einen Arbeitsprozess gegen seinen Arbeitgeber.*〈A氏は雇い主を相手取って労働［関係］訴訟を起こす〉とは解釈されない。最後に、例えば *Erstickungstod*, *Erfrierungstod* といった似たような範例が存在する複合語 *Pensionierungstod* は、その容認可能性に関しては *Berentung* のように当該のコンテクストに縛られている。しかしここでは *Berentung* と異なり、2つの語彙的核形態素と唯一の派生形態素〈Derivationsmorphem〉が現れている結果、この造語のもつ語彙的な類推可能性の方が大きく、統語に基づくものとは言えないので、この語はそれほど分かりやすくはない。

5. 造語とテクスト

　比較的新しい時期に、Müller-Bollhagen（1985）が造語のテクスト依存容認可能性を扱っている。彼女は料理法の新刊書から 50 のレシピを選び出して、そこから 350 の名詞類複合語をまとめあげた。およそその半数が慣習的〈usuell〉な造語、すなわち現代ドイツ語の辞書に掲載されている造語である。残りのうちのまたもおよそ半分が「同じ、少なくともある程度系列造語的な第 1 構成要素、または第 2 構成要素を伴った複合語」(1985: 226 f.)、つまり *Fischauflauf, Blätterteighörnchen, Käsestreifen, Magerjoghurt* などのような解釈しやすい類推造語〈Analogiebildungen〉である。残り 78 例の非慣習的〈nicht-usuell〉な複合語は、すべて構成要素間の意味関係が規範を多様に逸脱しているという特色をもっている。その例をいくつか抜き出すと：*Honighuhn, Speckflunder, Rot-weineier* などでは、この規範からの逸脱〈Normabweichung〉は、基礎語〈Basiswörter〉のもつ一般の経験にそぐわないコンテクスト性〈Kontextualität〉にある。*Blätterteigmantel* あるいは *Zucchinitopf* の場合の規範逸脱は、しっかり定着している型にならった第 2 構成要素の隠喩的な使用にある。*Diplomatenimbiss, Überraschungsfrikadelle, Landserbraten* などでは、それは『この造語における第 1 構成要素の「伝達機能」〈‚die kommunikative Funktion'〉がおおよそ「連想的価値の仲介」〈‚auf die Vermittlung von ... Assoziationswerten'〉に限られているという点にある』(1985: 233)。

　そのすべてが専門用語とは解釈できないこのような造語の容認可能性は、料理法の本とか、あるいはメニューといった一定のテクストの種類と（強さはまちまちだが）結びついている。一定のテクストの種類が、他のテクストの種類よりも新造語を受け入れやすいということは、ずっと前から知られていることである。造語とか文体論に関するハンドブックでは、この意味で通常さまざまな時代の特定の文学のテクストの種類、つまり、神話のテクストや表現主義、あるいは現代文学のテクストにおける多くの新造語（Neologismen）が指摘される。この種の造語によく用いられる術語は、「強意の造語」〈„expressive Wortbildung"〉（例えば Fleischer/Michel

5.3 造語の „テクストに依存した容認可能性"

1977: 117 や, Sowinski 1973: 243-250 の全世紀にわたる資料もしくは Henzen 1957: 21-26 に)である。

　現代語のこの種の造語の中心領域は、周知のごとく宣伝文〈Werbetexte〉、とくに売りこみ〈Konsumwerbung〉の領域のテクストである。ここにはありとあらゆる造語タイプが登場するが、ただしきわめて多様な分布をなしている。最も頻度数の高いのは名詞の新造語で、そのほとんどが名詞複合語(Nominalkompomposita)である。これより少ないのが形容詞の新造語〈Adjektivneubildungen〉で、動詞にいたっては大幅に減少する(Römer 1968: 78 を参照)。

- *名詞複合語*〈*substantivische Nominalkomposita*〉：2つの要素すなわち自国の〈heimisch〉語素材、あるいはかなり以前に借り入れられた要素から成る新造語である。そこでの第2の要素は派生語の場合がある：*Duscheschaum, Modespaß, Fruchtvergnügen, Dufterlebnis* など。2つの外来の要素から成る新造語：*Skindew, Software, Autowinder* など。たびたび双方の構成要素は分かち書きされるが、コンテクスト中では、明らかに一体化したものと見なされる：*Beauty Fluid, King Size, Special Line* など。自国の構成要素と外来の構成要素から成る新造語：*Wäschelook, Dehnkomfort, Systempflege, Aktivlösung, Intensivtönung* など。3つの自国の要素から成る新造語：*Duftschaumbad, Datensichtgerät* など。所属が混ざり合った3つの構成要素：*Wasserstoptaste, Einzelstrahlszstem, Weichspülerkonzentrat* など。3つの外来の要素から成る新造語は、複合〈Komposition〉がふつう分かりにくかったり、理解しにくくなったりすることさえあるので、ハイフンを使うか、あるいは分かち書きされる：*Soft-Elastic-System, Super Rich Cream, Skin-Repair-Control* など。固有名詞と結び付いた造語もよくある：*Miele-Bratautomatik, Elbeo-Beine* など。

- *形容詞の造語*〈*Adjektivbildungen*〉：2つもしくは3つの構成要素から成る、すなわち名詞もしくは形容詞から成る限定造語〈Determinativbildungen〉の他に、ここでは並列造語〈Kopulativbildungen〉も相当量現れている。いろいろな要素から成る限定造語：*frühlingsfrisch, hautfreundlich, hautverwandt, wirkstoffintensiv, hauttypenunabhängig, schuhverlässig* など。双方の成分〈Komponente〉の並存〈Nebeneinander〉を書記上〈graphisch〉も強調するために、並列複合語はたいていハイフンを用いて書かれる：*erfrischend-weiblich, aufregend-köstlich, schonend-mild, cremig-weich, geschmeidig-zart* など。

- すでに述べたように、*動詞*の新造語は稀であり、しかも外来の核形態素を伴ったものが明らかに優勢である：*revitalisieren*, 非常によくでてくる *optimieren* (これに加えて同じくよくでてくる形容詞 *optimal*), *colorieren* あるいは最近用いられている *computern*。

名詞と形容詞の場合、コマーシャル言語〈Werbesprache〉の中にたくさんの複合語が存在する。それらの複合語の第1成分は強調の意味をもつもの、つまり接頭辞の性格を帯びたものである (4.2.章を参照)：*einzig-, hoch-, super-, ultra-, spitzen-, sonder-, gold-, top-, spezial-* など。特に造語に富んでいるのが専門的内容のテキスト〈fachsprachliche Texte〉である。確かに日常語としては慣習的ではないが、しかし当該の専門語では基準にあったものとされて〈standardisiert〉いる造語が見られる。例えば (「1984年4月13日の「ニュルンベルク・ニュース」〈„Nürnberger Nachrichten"〉における)「ニュルンベルク食肉市場」の欄にはこう書かれている。

Die Beschickung des *Lebendschweinemarktes* am *Schlachtviehgroßmarkt* Nürnberg war wesentlich höher als in der vergangenen Woche. Aufgetrieben wurden 952 Schweine bayerischer Herkunft und somit 148 Tiere mehr. Bei weiterhin schwacher *Käufernachfrage* kam es zu einem langsamen *Marktverlauf*, wobei die *Preisspitze* für beste Qualitäten gehalten werden konnte, während an der unteren *Notierungsgrenze* bis zu 10 Pfennig weniger erzielt wurde. Der Durch-

5.3 造語の「テクストに依存した容認可能性」

schnittspreis der Handelsklasse C gab 0,6 Pfennig nach. Der Markt wurde geräumt.

〈ニュルンベルク屠畜大市場での生き豚市場の出荷量は、前の週よりはるかに高かった。先週に比べて、148 頭多いバイエルン産の 952 頭の豚が市場に出された。依然として買い手の需要が低く、流通経過はゆっくりとしたものとなった。その際最上質のものに対しては、最高値を維持することができたが、一方下位の相場枠では、10 ペニヒまでの下落があった。取引クラス C の平均価は 0.6 ペニヒ下落した。市場は一掃された。〉

大ドゥーデンの辞書には例えば *Beschickung, auftreiben*（ここで使用された専門的な意味で）、および *Handelsklasse* といった造語のような専門的表現の一部しかリストアップされていないので、イタリックで印刷してある造語は掲載されていない。これらの造語のどれが一般語の〈allgemeinsprachige〉辞書に採録されるかということは、専門用語を用いたテクストへの依存性とは関連がない。これらのテクストでは、このような造語の使用は容認可能〈akzeptabel〉というだけでなく、望ましいものである。専門用語〈Fachtermini〉は、その意味が共通語〈Gemeinsprache〉の語よりも厳密に規定されているためである。専門用語の造語にはあいまいさが一切ない。専門語によるコミュニケーションは、記号表現〈Bezeichnung〉と記号内容〈Bezeichnetes〉の間の明確な関係によって、誤解の余地がなくなる。専門用語のテクストのなかの造語は、共通語の造語とは構造的に異なる。造語モデル〈Wortbildungsmuster〉は同じである。

[練習問題]
次のテキストの一部の中の、コンテクストに依存した専門用語の造語を集めて、記述しなさい。
Die Erfindung betrifft eine Fußkräftigungsanlage mit einer Anzahl verschiedener sogenannter Tretbahnen für eine physikalische Kräftigungsbe-

handlung der menschlichen Füße in Form eines durchlaufenden Rundganges. Um eine hohe Gesamtwirkung zu erzielen, ist eine Reihe von zum Teil schon bekannten, mit verschiedene Fußreize auslösenden Einrichtungen ausgestatteten Tretbahnen in ein nach dem Grad seiner natürlichen Heilreize geordnetes System zusammengefasst, das durch seine methodische Anordnung, seine zwangläufige Form der Benuzung und seine gesicherte Durchführung praktisch erst eine geschlossene Kurwirkung gewährleistet.

5.4　ヴァリエーションをつける文体手段としての造語〈Wortbildung als Stilmittel der Variation〉

　言語学的文体論では、文体は一般に語彙的手段と文法的手段の特有の選択として、すなわち言語表現の変異可能性〈Variationsmöglichkeiten〉として記述される。例えばSowinskiには「文体とは、一定の表現意図のために言語の一定の変異可能性を繰り返し使用した形式で、その形式は他のテクストと比べてそれ自体比較的統一のとれた、そのつど異なるものである」(1973: 27)；あるいはFleischer/Michelの場合にもよく似た記述がある：「文体とはテクスト内に現存する言語現象の、独特な方法で構造化された総体であり、それらの言語現象は、一連の同義可能性内の表現変異〈Ausdrucksvariante〉として話し手/書き手によって一定の活動領域で伝達機能を具現するために選ばれたものである」(1977: 41)。

　かなりの数の変異可能性の選択は、話し手/書き手によって意識的に行われるわけではないので、意図的な文体目的をもつこともない。これによく該当するのが、例えば単に超文[分析]的〈transphrastisch〉な動機から起こる、それ自体はまだ特別な文体目的を表していない名詞化である。

　(1) Ostern sind wir nach Oberitalien *gefahren. Die Fahrt* ging über ...

5.4 ヴァリエーションをつける文体手段としての造語

〈イースターには私たちは上部イタリアへ*行った*。*この旅*は…を通って行った。〉

(2) Der unzureichend ausgerüstete Bergtourist konnte *gerettet werden*. *Die Rettung* verlief allerdings unter dramatischen Umständen.

〈装備の不充分なその山歩きの人を*救助する*ことができた。ただしその*救助*は劇的な状況下で行われた。〉

(3) Ich *erinnere* mich noch gut an ihn. In meiner *Erinnerung* war er ein gutaussehender junger Mann.

〈私は今でも彼のことをよく*覚えている*。私の*記憶*では、彼はハンサムな若い男だった。〉

これらの場合、名詞化形にはテーマ・レーマの交替〈Thema-Rhema-Wechsel〉の機能しかない。先行文〈Vordersatz〉でレーマだったものが、後続文〈der nachfolgende Satz〉のテーマとなる。これに加えて、動詞から名詞化への交替が、反復の回避と同時に言語上の単調さの回避に一役買うことになる。例えば、単一の動詞に代わる機能動詞構造〈Funktionsverbgefüge〉を度重ねて使用する場合のように、名詞化がたびたび現れることで、初めて文体効果(Stilwirkung)が生まれる。言語上の変異可能性のこの特徴的選択には、「名詞文体」〈‚Nominalstil'〉という名称がある。

特定の造語タイプが系列造語的な意味特徴をもつことは、文体論ではずっと前から知られていることである。例えば、*Ge+e* あるいは *-erei* に終わる名詞の多く（だがすべてではない）: *Gelache/Lacherei, Gesinge/Singerei, Gefrage/Fragerei* など。これら 2 つの名詞の一方を選ぶことが文体の問題だとすると、絶対的な文体色〈absolute Stilfärbung〉をもつ名詞が存在するということになる。この問いに対する答えは同義語を、つまり Sowinski が「言語表現の変異可能性」と呼び、Fleischer/Michel が「同義[語]の可能性」と呼んでいるものを、どの程度広く、もしくは狭く定義するかによ

る。非常に狭い解釈というと、もっぱら形に即した変異だけが許されて、意味特徴はすべて同じでなければならないという見解であろう。この解釈だと名詞化だけが、ここでは名詞化のすべてとはとうてい言えないが、文体要素として残ることになるであろう。とすると、*Gesinge/Singerei* と *Gesang* の間の違いは、文体上の問題ではなく、意味論〈Semantik〉の問題となり、*Gesinge* と *Singerei* の間の選択だけが文体に基づいた選択となるであろう。他方、もっとも広い見解をとっているのは、私の考えでは Ziff (1972) である。彼によれば、「君は僕とテニスをするか」という問いに対して、誰かが

(1) Ich muss arbeiten.〈私は仕事をしなければならない。〉
(2) Seh ich aus wie ein Athlet?〈私がスポーツ選手に見える？〉
(3) Such dir jemand anderen.〈誰か他の人をさがして！〉

と答えるかどうかが文体の問題となる。どの答えも唯一のコミュニケーション上の発話行為〈Sprechhandlung〉、すなわち拒絶の変異であるから同義であろう (1972: 711, これについては Sandig 1978: 8 を参照)。

　言語学的文体論〈die linguistische Stilistik〉についての研究の大部分は、同一の被指示体〈Denotat〉の表示や表現における違いが、文体の問題として解釈されるという原則に明に〈explizit〉あるいは暗に〈implizit〉則っている。その一方では、異なった言語表現が異なったものを指示している〈referieren〉のなら、もはや文体の違い〈Stilunterschiede〉とは言わない。従って、ある事態が *Gesinge/Singerei* と呼ばれるか、あるいは *Gesang* と呼ばれるかは実際文体の問題であろう。それに対して、上で引用した Ziff の例は、文体の問題ではないであろう。この見解の論拠は、同一のテクスト内でのそのような名詞の交換が、文体逸脱〈Stilbruch〉になるということである。

5.4 ヴァリエーションをつける文体手段としての造語

(1) Aus dem Garten erklang der *Gesang* der Nachtigall.
〈庭からナイチンゲールのさえずりが聞こえ始めた。〉
(2) *Aus dem Garten erklang das *Gesinge/die Singerei* der Nachtigall.
*〈庭からナイチンゲールのしきりと/うるさく鳴く声が聞こえ始めた。〉

　文体の逸脱は、文体レベルが顧慮されなくなった場合に、要するに特定の機能文体〈Funktionalstile〉に限って使用されるべき語が、意識的あるいは無意識的に別の種類のテクストのなかで使用された場合に生ずる。このことは言語文体論の中心領域、古典的修辞学〈die klassische Rhetorik〉が ‚aptum‘、すなわち適切性の原理〈das Prinzip der Angemessenheit〉と呼んだ領域に関わる。

6. 造語と心理言語学
Wortbildung und Psycholinguistik―――

　心理言語学は、テクスト言語学同様に言語学の比較的新しい研究分野に数えられる。中心領域は個体発生的な〈ontogenetisch〉言語習得〈Spracherwerb〉の研究と病理言語学〈Patholinguistik〉、すなわち病気によって惹き起こされた言語喪失〈Sprachverlust〉の研究である。どちらの領域でも造語は重要である。言語習得の際の造語の役割については Ušakowa 1976 と Augst/Bauer/Stein 1977 を、言語喪失については Peuser 1978, Stachowiak 1979, Poeck 1982, Friederici 1984 を参照されたい。

6.1　造語と言語習得〈Wortbildung und Spracherwerb〉

　系統発生的な〈phylogenetisch〉言語習得に関する理論では、造語よりも語創造〈Wortschöpfungen〉が重要性を占める (1.1章を参照)。幼児語〈Kindersprache〉では、言語習得のさまざまな段階で特徴ある造語が観察できる。それに引き替え、語創造の果たす役割はきわめて副次的〈untergeordnet〉である。就学前の児童の語彙に関する Augst/Bauer/Stein (1977) のデータには、唯一の語創造である *muck* (1977: 65) という形容詞しか見られない。
　およそ 12～18ヶ月の年齢の子の輯合文〈Holophrase〉、すなわち一語文〈Einwort-Satz〉の段階では、造語はまだ造られない。言語のこの発展段階では、まだ構成要素の結合が子どもによって造られることはないし、使用さ

6.1 造語と言語習得

れることもないからである。2歳位になって初めて、形態統語論上の結合〈morphosyntaktische Kombinationen〉が現れる。屈折体系〈Flexionssystem〉が（まず手始めに）習得され、二語文〈Zweiwort-Satz〉が形成され、造語が始まる。子どもの概念形成に対する研究上のさまざまな立場、例えば、[認]知的概念形成〈kognitive Begriffsbildung〉が言語上の概念形成に先行するのかどうか、あるいは概念の原形〈Vorformen von Begriffen〉だけが第一義的〈primär〉で、言語習得と概念形成は並行して同時に起こるものかどうか、という問題をここで論じることはできない。だが二語文に関する研究の種々のアプローチのためにも、言語習得に関する広範な文献の指示は必要である。

2歳から6歳児の造語が分類される言語レベルは、一様でない。ここでは試しにそれらを3つの特徴的なグループに分類してみよう。考慮の対象外となるのは、純粋に音声に根ざした新語〈Neologismen〉の多く、すなわち、子どもたちの音声習得〈Lauterwerb〉が未発達のために、部分的な音代替〈Lautsubstitution〉を用いて調音する語（*Treppenhaus* に代わる *Deppenhaus* など）である。

最初子どもたちは、統語的に有縁な二語文と同じように構造化されている解釈可能な複合語を造る。Range (²1975) はこのために当時26ヶ月になる彼の息子の Peter 例をいくつか挙げている：*Mamikleid, Thomasseife, Heiaschal, Petertasche* (²1975: 93)。これらの名詞化のほとんどが、所有関係を表わすはずのシンタグマに、すなわち、*Das ist Mamis Kleid*〈これはママの服だ〉、あるいは *Die Mami hat ein Kleid*〈ママは服をもっている〉、あるいは *Das ist der Mami ihr Kleid*〈これはママの服だ〉などのような文に代わるものである。*Heiaschal* という複合語は、大人のことばでは道具を表す前置詞を用いたシンタグマ〈Präpositionalsyntagma〉によって、表されなければならないであろう、例えば *Der Schal zum heia Machen*〈おねんねのショール〉もしくは *Der Schal, mit dem ich heia mache*〈私がおねんねする時のショール〉など。これらの造語はすべてまだ普通名詞

〈Gattungsname〉ではなく、固有名詞〈Eigenname〉である。すなわち、どの造語も特定のことがらを表している。

　論理的・統語的関係を映し出すような造語のほかに、少し年上の子どものあいだには、数は少いが、独特な新造語による彼らの理解の及ばない語の置き換え〈Substitutionen〉がある。基礎学校の年齢の子どもは、例えば（正しくは）*Erzengel Gabriel*〈大天使ガブリエル〉のような語結合〈Wortverbindung〉を、*Herzengel Capri* と解釈することがある。というのは、明らかにこの新造語は独特な概念性〈Begrifflichkeit〉をもっているのに対して、「本物の」範例〈Vorbild〉にはそれがないからである。この年頃の子にとっては、*Herz*、*Engel*、そしてまた *Capri* は既知の語であるが、構成要素の *Erz-* や固有名詞の *Gabriel* は知らないのが普通である。その子がどんな表象〈Vorstellung〉を新造語の *Herzengel* や、その子よって慣用語法的に〈phraseologisch〉用いられた語群語彙素〈Wortgruppenlexem〉*Herzengel Capri* に結び付けているのか、これを究明することはほとんど不可能である。この年頃の子供独特の個人的な概念性が、個人を超えて〈überindividuell〉ほとんど伝わらないからである。構造的に類似した機能を果たしているのが、子供に理解できない合成語 *Pappenstiel*〈つまらないもの〉に代わる *Pappenstiefel* のような新造語である。子どもによるこのような新造語、つまり *Sintflut*（ノアの洪水：大洪水）＞ *Sündflut* といったタイプは、透明でない〈nicht transparent〉構成要素も透明にする、いわゆる民間語源〈Volksetymologie〉と似たように理解するのがよいかもしれない。

　個体発生的言語習得〈der ontogenetische Spracherwerb〉と関連した造語の最もよくあるケースは、造語パターン〈Wortbildungsmuster〉の、慣習の域をでた体系化ならびに一般化である。つまり一定のパターンに則った潜在的な造語の具現である。2歳から6歳（その後もまだ）の間の子供は、さしあたり形態上の規則性〈Regularitäten〉を過剰般化（例えばすべての名詞に対して少数の複数形態素しか使用しないとか、弱変化の過去形しか使

6.1 造語と言語習得

用しないとか）したり、また造語の可能性も、例えば動詞の領域では動詞と接頭辞や不変化詞との慣習的でない結合：*zermessern* あるいは *zuschleifen*（「リボンで閉じる」の意味で）によって一般化する。その際生じる新造語は、それらの類推的な形成法が理解しやすいため、大人にとってたやすく理解できるものである。その例としては *zersägen* 〈のこぎりで小さくひき切る〉, *zerhacken* 〈細かく砕く〉など、ないしは *zuknoten* 〈結ぶ〉が挙げられる。Heringer（1984 b: 52）は（潜在的な！）幼児語の動詞 *aben* と *durchen* を、それぞれ彼の想像でつくった例文 *Ich hab den gordischen Knoten gedurcht*, ないし *Und was hab ich schon alles geabt, Klopapier, Kalenderblätter, Dreck von den Händen* などと共に引用している。もちろん動詞が子供の新語の筆頭にくるわけではない。新1年生の語彙に関する Augst/Bauer/Stein の経験的な調査（1977）から明らかになったことは、造語パターン 〈Wortbildungsmuster〉 に則ったこのような類推形成語 〈Analogiebildungen〉 が子供の語彙に占める割合は、およそ10%にすぎないということであった。82.2%（1977: 65 を参照）という圧倒的多数が複合語 〈Zusammensetzungen〉 で、中でも例えば *Dichtgeschichte, Suchplatz, Vormelodie, Wegschickkarte, Lasterfahrer, Liebwort* などの複合名詞 〈zusammengesetzte Substantive〉 である。（Augst/Bauer/Stein のデータ 〈Belegmaterial〉 では全部で407の名詞が見られる。最も頻度の低いのが品詞転換で、495の新造語のうちたった12しかなく、そのうちの半分が *besen, parfümen, weckern, miezen* などの動詞である。1977: 65 参照）。1984年 Augst は学齢前の子供の語彙のはるかに膨大な一覧表を編纂した。このデータは4歳から8歳の間の10人の子供たちの語彙に基づくものである。このデータにより子供たちによる数多くの新[造]語が、さらなる研究のために提供されている。

6.2 造語と言語喪失 〈Wortbildung und Sprachverlust〉

　事故とか病気によって脳が損傷した場合、特にたいていの人の場合言語中枢〈Sprachzentrum〉が位置している左［大］脳半球〈die linke Hirnhemisphäre〉に関わる場合に、表出〈expressiv〉と受容〈rezeptiv〉の言語能力〈Sprachververmögen〉の一時的もしくは永続的な障害が起こることがよくある。外傷によって引き起こされたあらゆる種類の言語障害〈Sprachstörung〉は、「失語症」〈‚Aphasie'〉という術語で総称される。(多様な失語症の分類とその名称の問題については、Peuser 1978: 69-79, Poeck 1982: 66-107 の Huber/Poeck/Weniger, Friederici 1984: 37-42 を参照。これについては Leiss 1983: 51-97 も参照されたい)。

　辞書〈Lexikon〉のレベルでの失錯行為〈Fehlleistungen〉には「器質的構音障害」〈‚Dysglossie'〉注13 という総称がある。器質的構音障害は病像〈Krankheitsbild〉しだいで、「新語創造」〈‚Neoglossie'〉注14 として（ここでは言語産出〈Sprachproduktion〉の際に新［造］語〈Neologismen〉が造られる）、「失書［症］」〈‚Neographie'〉（書字障害〈Schreibstörungen〉）として、「失読」〈‚Neolexie'〉（読字障害〈Lesestörung〉）として、あるいは「錯誤」〈‚Neophasie'〉注15（ここでは部外者にとって理解できない人工的な個人語〈Individualsprache〉が生ずる）として現れる。喚語困難〈Wortfindungsschwierigkeiten〉からは、患者が自分にとってなじみのない語に代わって新しい語を造ったり（‚Neoglossie'）、あるいは患者が別の慣習的な語を代用して、自分の意図に合った意味で使う（‚Paraglossie'）といったことが起こる。Peuser は意味に関与する器質的構音障害のもつこういった多様な可能性を表にまとめている（1978: 121）。

　次の表からわかることは、言語喪失の場合の造語が言語習得の場合とは全く働きが異なるということである。子供の場合によくある、一定の造語パターン〈Wortbildungsmuster〉に則った潜在的な造語の具現はここでは問題

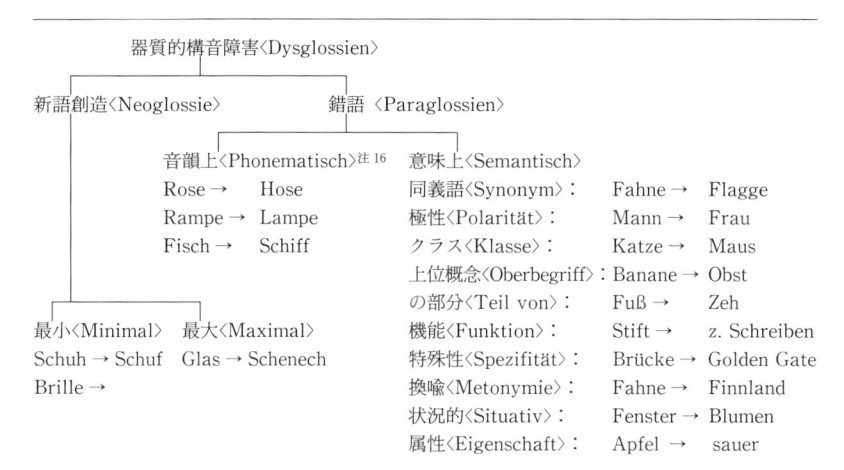

6.2 造語と言語喪失

```
                    器質的構音障害〈Dysglossien〉
       ┌──────────────┴──────────────┐
  新語創造〈Neoglossie〉          錯語〈Paraglossien〉
       ┌──────┴──────┐          ┌──────┴──────┐
```

	音韻上〈Phonematisch〉注16	意味上〈Semantisch〉		
	Rose → Hose	同義語〈Synonym〉：	Fahne →	Flagge
	Rampe → Lampe	極性〈Polarität〉：	Mann →	Frau
	Fisch → Schiff	クラス〈Klasse〉：	Katze →	Maus
		上位概念〈Oberbegriff〉：	Banane →	Obst
		の部分〈Teil von〉：	Fuß →	Zeh
最小〈Minimal〉	最大〈Maximal〉	機能〈Funktion〉：	Stift →	z. Schreiben
Schuh → Schuf	Glas → Schenech	特殊性〈Spezifität〉：	Brücke →	Golden Gate
Brille →		換喩〈Metonymie〉：	Fahne →	Finnland
		状況的〈Situativ〉：	Fenster →	Blumen
		属性〈Eigenschaft〉：	Apfel →	sauer

にならない。この表のなかで「最も重度な新語創造」〈,maximale Neoglossie'〉と呼ばれるものが起る言語上の根拠がない。これらの極端な形をした人工語〈Artefakte〉には、もはや慣習語との共通性が見られない。

「最も軽度な新語創造」〈,minimale Neoglossie'〉と多くの中間段階の言語上の説明は、一段と容易である。ここでは患者は音遊びのように〈klangspielerisch〉障害によってブロックされた語を目指して進もうと試みる。その際用いられる方法は、障害をもたない話し手〈Normalsprecher〉のものと比較することが可能である。彼は目標語に似たような母音と子音の結合、似たような音調型〈Intonationsmuster〉、そして似たような音節構造〈Silbenstruktur〉をさがし求める。Huber/Poeck/Weniger (Poeck 1982: 94 に）にはその2つの例、すなわち音韻性錯語〈phonematische Paraphasie〉の成功した連鎖と失敗した連鎖の例が、それぞれ一つずつ見られる。最初の実験では、患者は足に鎖の付いた捕虜が描かれている絵を見せられて、それが誰であるかを言わせられる。患者の発話：

  Klösen ... Schlase ... Schlage ... Klause ... Glesen ... Kretten ... Kretten gebunden ... eingeschlagene eingeschlossene Kretten ...

ein Kräusel ... ein Kräusliger ... ein Fänger ... ein Ver ...
ein Vergebrachter ... ein Fangener ... Gefangener.

音韻的および意味的に段階をおって目標語に接近するという方法を用いて、患者は結局受容できる結果に到達する。これとは対照的に、次の実験は同じ方法であるのに、ますます逸脱の度合いが高くなることがあることを示している。今度は塔の先端が描かれている：

Hier ist ein Türm ... Türn ... Türnspit ... Türmsürze ... Türn ... die Türntüschpe ... die Kürnstücke.

重篤なケースでは、意識的・意図的な進行が可能な、しかも一定の造語パターン〈Wortbildungsmuster〉の存在をうかがわせる新語創造のプログラム〈neologistische Wortprogramm〉が始動する。他のケースでは無意識・無意図的である。従って体系的な分析はほとんど意味をなさない。この例も一つずつ挙げる。第1の例は Peuser（1978: 286 f.）の引用例である。運動性健忘失語〈motorisch-amnestische Aphasie〉にかかっている一人の女性と、彼女を病院に見舞っている彼女の恋人との会話である。かなり長い会話だが、ここではその一部（冒頭）だけを再現する。対話中この女性患者は一定の造語要素、すなわち -eisel, -iesel, -iesen, -eusel といった形式を使って、特定の名前を思い出そうと一所懸命試みている。

Pat.： Wie heißt die denn?/
Bes.： Wer?/
Pat.： Diese Gieseldiesel/
Bes.： Wer ist Gieseldiesel?
Pat.： Na/diese diese Freunde/gel? diese Brille/von dem Giesel?
Bes.： Gisela?

6.2 造語と言語喪失

Pat.： Ja!/
Bes.： Sprichst du von Gisela?/
Pat.： Nee!/weißt du/da haben die noch Gebreusel da/diesen diesen Dings da? dieser Bieselriesen?/
Bes.： Ich weiß nicht/was du meinst/
Pat.： Nein/da hat es ieseriesen/und dann hat sie gedreiselgbeiselfan/
Bes.： Wer?/
Pat.： Wie heißt die Nieseniesen?/also/der Mann hier!?/
Bes.： Der Mann?/
Pat.： Ja!/

〈患者： この女の人の名前は？/
見舞客：だれ？/
患者： この Gieseldiesel/
見舞客：Gieseldiesel ってだれ？/
患者： さあ、/これらの、これらの友だち/じゃあないの？/例の Giesel の/この眼鏡？
見舞客：Gisela?
患者： ええ！/
見舞客：君は Gesela のことを言っているの？/
患者： いいえ！/あのねえ/da haben die noch Gebreusel da/diesen diesen Dings da?
dieser Bieselriesen?/
見舞客：僕は君が何を言っているのか分からない。
患者： Nein/da hat es ieseriesen/und dann hat sie gedreiselgbeiselfan/
見舞客：誰が？/

—135—

患者： Nieseniesen は何て言うんだっけ？/つまりこの男の人!?/
見舞客：この男の人？/
患者： ええ！/ 〉

　第2の例は Linke（1981: 89 f.）に見られるものである。ジャルゴーン失語症患者〈Jargonaphasiker〉と検者〈Untersuchungsperson〉との間の会話である。患者は気づいていないが、検者は言語の産出面と受容面に重大な損傷のある患者に人工語〈Artefekte〉で話しかける。そこからイントネーションだけを頼りにした無意味な対話が展開する。Linke によれば、この対話は意味の次元を言語の他のレベルから切り離すことができるということ、すなわち「複雑なコミュニケーションのメカニズム〈Kommunikationsmechanismus〉を始動させるには、無意味な〈asemantisch〉刺激〈Stimuli〉で十分である」（Linke 1981:90，Friederici 1984:63 も参照されたい）ということの証左となる。

検者： Ja, ein lekiges Dob rezillte die Ditone nicht?
患者： Ja, aber trotzdem ist ist Bilden äh zögen und bild-lodend, nicht wahr.
検者： Aber die Glege am Kliege wasten ein seping Taf, nicht?
患者： Tja, das will nicht zögern, das hat, hat bildend noch immer gesagt äh bil-zögern. Nicht wahr. Aber im Bilden ist äh Zögern toden dabei nicht wahr und darum würde ich sagen Sie Herr Doktor, dass Sie bei bildend regelrecht zögern sagen, mit Bilden zögern dabei. Sie können könnnen das zögern in zogernd sagen und es ist auch so, dass bei bildend äh dieses Zogern äh mitbringend ist, nicht wahr.
検者： Ja, das ist wie do blig die um Flutesten.
患者： Ja, da komm ich der Meinung, dass dieses Zögernd bildend

6.2 造語と言語喪失

>ist, bildend ist aber sie muss das zögernd bilden können, nicht wahr.

検者： Taf ein tofentlich Diso.

患者： Ja, das kann man sagen, ja.

検者： Ein lekiger Dob rezillte die Ditone, nicht.

患者： Ja, das könnte man sagen, aber wissen Sie, das ist immer noch dieses zögernd und dieses zögernd billernd ist das äh äh zo zögernd äh fooss-foosogen nicht wahr.

検者： Jaja, das ist eben dige seping an.

患者： Ja, ich bin aber trotzdem der Meinung, dass dieses Kodern und vogern ist nicht wahr, ganz bestimmt, nicht wahr.

　患者はあきらかに検者の疑問文・平叙文のイントネーションにだけ反応している。どの言語にとっても本質的な、個人を超越した「形式と内容の結合」、すなわち音と意味の間の結合には反応していない。

　ジャルゴーン失語症〈Jargonaphasie〉という最も重いケースでは、患者が使いこなせるのはわずかにたった1つの語、ないしは彼が疑問、感嘆、主張、悲しみ、喜び、苦痛などすべてをイントネーションの交替で表わす音連続〈Lautfolge〉である。すでにかなり古くなったが、Lenneberg（[1967] 1972: 237）に、重い卒中発作の後その全語彙が *Oh, nay, konnossopay* といった音連続となったある婦人についての報告例が見られる。この音連続でもって、彼女はすべての言語上のコミュニケーションになんとか対応しなければならなかったのである。

　言語喪失は言語習得と逆の段階を踏んで起こる、と書いてあるのをときおり目にすることがある。造語にはこのことはきっと当てはまらないであろう。これらの現象を双方の領域で互いに比較することが、ほとんどできないからである。言語習得と〈und〉言語喪失では新造語が生まれることになるが、それらの新造語は構造において互いに大きく異なっている。子供たちは

6. 造語と心理言語学

言語上の構成素を用いて過剰般化したり、実験をしながら、いずれも可能だがさまざまな理由から慣習的にならない造語を手にする。失語症患者たち〈Aphasiker〉は、自分たちが言いたいことと実際述べることとの間に、言語共同体に受け入れられる関係を作り出す可能性をかなり顕著に、一時的あるいは永久的に失ってしまっている。失語症患者により一定の造語パターンに基づいて作られた多くの新造語が、体系化されるかどうか、このレベルでの目標とする言語治療〈Sprachtherapie〉の前提に何が考えられるか、ということは現在の研究状況ではまだ言及することができない。

7. 展望〈Ausblick〉:„電子コミュニケーションの言語"における造語
Wortbildung in der Sprache der elektrischen Kommunikation──────

　CMC〈Computer Mediated Communication〉〈コンピューターを媒介としたコミュニケーション〉という総称の下に、少し前からいろいろな形の電子コミュニケーション〈die elektronische Kommunikation〉、すなわちコンピューター会議〈Computer Conferencing〉、電子メール〈Electronic Mail〉、電子出版〈Electronic Publishing〉、コンピューターインタビュー〈Computer Interviewing〉、双方向テクストリーディング〈Interactive Text Reading〉、グループ意思決定支援システム〈Group Decision Support Systems〉、アイディア・ジェネラル・サポート・システム〈Idea Generation Support Systems〉、ヒューマン・マシーン・コミュニケーション〈Human Machine Communication〉、マルチメディア・コミュニケーション〈Multi Media Communication〉、ハイパーテキスト〈Hypertext〉、ハイパーメディア〈Hypermedia〉、リングイスティックゲーム〈Linguistic Games〉がまとめられる。大ざっぱに列挙したが、それがこのテーマに関する論文をリストアップした2巻本の文献目録のタイトルとなっている（Sabourin 1994）。電子コミュニケーションの影響下で現代ドイツ語が変化するということは、いつのまにか異論のないところとなっている。異論の余

7. 展望:„電子コミュニケーションの言語"における造語

地があるのは、それに対する姿勢だけである。一面残念に思う気持ち(例えば Zimmer 1995)と、他面大騒ぎするいわれはない(たとえば Naumann 1998)という姿勢である。最も急速に変化するのは、いつも言語の語彙であり、そこには大量に現代ドイツ語に入り込んでしばしば言語混交を招く、言うまでもなくアメリカ英語の(術)語である。これは造語にとって実に興味深い展開である。また新聞、ラジオ、およびテレビといった伝統的なメディアもたしかにドイツ語に影響を与え、多くの新造語を生んできている(第5章を参照)。

電子コミュニケーションの一定の形式、例えばインターネット・リレー・チャット〈Internet Relay Chat〉(IRC)を通じて、口頭によるコミュニケーションと文書によるコミュニケーションが、それまで知られていなかったくらい浸透しあい(Ong 1987, Wichter 1991, Naumann 1994, 1995, 1998, Schmitz 1995 など)、言語付随的〈paraverbal〉注17 および非言語的〈nonverbal〉表現手段はキーボード上で文字にされる。話し言葉や方言語法〈Dialektismen〉および口語的語法〈Kolloquialismen〉の特徴が、形態構造のなかに強く浸透する。その例として(短縮して)Naumann 1998:225 から2、3挙げることにする。

Nachts isses bestimmt besser ‐ oder kamma da ueberhaupt aufhoern ‐ watt willste denn mit demmal guggen ‐ gern gscheng ‐ moin, moin ‐ hassu schon Zatcat Bilda gesaehn ? ‐ koa Account ? ‐ Tach, hast du oda deine froindin 注18

これではまだ造語とは言えないが、話し言葉を文字で定着することによって、少なくとも文章語に新たな形式と語が生じている。だがもちろん、言語混交〈Sprachmischung〉によって狭義の造語も生じることもある。電子コミュニケーションの大部分が、コンピューターの問題〈Computerprobleme〉で意見を交換する学生たちによって行われる。この関連で、形容詞

と動詞の領域では、ドイツ語の形態論への適合が必要であるが、多くのアメリカ英語の術語が使われている。原文（1996）から例を若干挙げる。ただし、これらの例には互いに関連性がない。

　　*soll ich dich deopen kicken und bannen:))))？
　　*morgen werden wir uns mit #### konnecten
　　*ich hab mich grade eingeloggt
　　*in welchem Netz muss ich mich listen lassen
　　*das is policy-widrig!
　　*nicht unnoetig flamen
　　*ich fyhle mich genoetigt dich zu replien
　　*das hab ich nich geroutet
　　*das hat du mir schon laengst gepostet
　　*dort gibt es noch keinen Node

　アメリカ英語の術語が侵入すると、ドイツ現代語のこの領域で、音韻論上および形態論上の混合形式〈Mischformen〉が生じる。これらの混合形式の美的な質についてはもちろん議論の余地はあるが、それに対して Dieter Zimmer がドイツにも望んでいる「トゥボン法」〈„loi Toubon"〉[注19]は、おそらく効果がないであろう。このような形式が日常語に入ってくるかどうか、またどの程度入り込むかは今後の成り行きを待たねばならない。
　それに比べてあまり目立たないのが、電子コミュニケーションの最も利用度の高い形式である E-mail でのこのような言語混交である。E-mail では、一つには意思疎通の話題となる事柄が、きわめて多岐にわたっている。加入者もいつのまにかもはや学生だけでなく、ほとんどすべての住民層から成っている。さらに、書いた文書を送信前に落ち着いてもう一度目を通し、好きなように手を加え、文章語の規範に適合させることができる。多くの人はそうするが、しかしここでもそれを重視せず、話すように書くといった利用者

7. 展望：„電子コミュニケーションの言語" における造語

がいる。多くの人にとってこのメディアは言語の創造的で機知に富む取り扱いを促すものとなる。そこでは新造語が傑出した役割を演じる。その最後の実例（August 1999）：

Na herdeinbaubeobachter,
wie isses gelaufen? Das superkochnurnochdraufstelldings schon da? Morgen Muenchen, neue buchregale in auftrag geben, gutbuerger-deutsch: ich fahre Moebel kaufen. Endlich die zwp korrigiert, ein (1) buch gelesen, sentimentale cd gekauft, frauenstimmchen: hallenser Bekannte am fon, so grosszuegig und tolerant diese ossis.
Telebesprechen wir alles weitere ?
Cheerio werktagsendmanfred

〈レンジの取り付けを見ている人、
どうなった？　あの［物を］載せただけでスイッチが入るすばらしいやつはついたかい？
明日ミュンヒェンに行って、本棚を注文するんだ。一般的な言い方をすると、家具を買いに行くんだ。やっと zwp を訂正して、本を1冊読んで、センチメンタルな CD を買った。女性の声が： Halle の知人女性が、これらの東ドイツの人たちは非常に鷹揚にして寛大だ、と電話で言っている。
あとは電話で話そうか？
じゃあね。［これで］ウィークデー［の仕事の］終了のマンフレッド［より］〉

見ての通り、これがプライベートな領域の E-mail である。普通仕事上の付き合いではもっとずっと形式ばったもので、そこでの E-mail は伝統的な手紙とほとんど区別できないことがよくある。それに対して個人的な領域で

—142—

は、上の例と構成上類似したコミュニケーションになることがよくある。ほとんど誰もが、そのために多少なりとも目に付くような例を自分のメールフォルダにもつことになるであろう。遊びのように言語と接する楽しみと言語の創造性を、この新しいメディアが活性化することは明らかである。そしてこれは、Zimmerが予言したようなドイツ語を脅かす滅亡の前兆ではなく、新たな電子メディアの可能性による活力と生き生きした進展の表れである。

練習問題の解答例

[2.1 章の練習問題]
/literat/　　　　自由核形態素〈freies Kernmorphem〉
/ur/　　　　　　派生形態素〈Derivationsmorphem〉
/geschichte/　　自由核形態素〈freies Kernmorphem〉
/n/　　　　　　屈折形態素（複数）〈Flexionsmorphem(Plural)〉

　外来語の形態素分析は難しいことよくがある。それというのも、外来語の形態音素論は、自国の語の形態素分析とは異なり、複雑である。分節〈Segmentierung〉は、まず第1に、表現面の分割〈Aufteilung〉に内容面の分割が対立している場合だけ、第2に、分割された要素が表現面と内容面で他の結合にも現れる場合だけ、有意義なものとなる。*resümieren* という語での形式上まずありうると思われる*/re/＋/süm/＋/ier/＋/en/への分節は、上に挙げた条件を満たしていない。というのは、これらの潜在的な形態素*/süm/と*/ier/は意味内容〈Inhalt〉をもっていないからである。そのためそれを Fischer (1985) の「コンフィクス」〈Konfix〉という術語で呼ぶことが考えられるかもしれないが、系列造語的な意味機能が欠如しているのでそれは無理だろう。*Himbeere, Schornstein* あるいは *Sintflut* の場合のように、*/süm/を唯一形態素として解釈するのもまた議論の余地があるだろう。しかしこれらの例からは、唯一形態素が自由形態素と結びついてのみ有意となり、/re/のような派生接尾辞と結びついても意味をもたないことが、明らかになる。従って/resüm/という形が形態論上の1つのまとまりである。*resümieren* という語の理に適った分節は、つまりこうなるであろう。

/resüm/	拘束核形態素
/ier/	動詞接尾辞
/en/	屈折形態素（不定詞）

次の2つの語は問題ない。

/und/	不変化詞形態素
/zieh/	拘束核形態素
/en/	屈折形態素（不定詞）

　Bilanz という語の形態素分析も一見しただけでははっきりしない。現代ドイツ語には *Reson+anz, Domin+anz, Disson+anz, Toler+anz* などのような語中にある形態素/anz/が存在する。ところが *Bilanz* という語では、*/bil/という可能な表現に対応する意味内容が存在しないし、*/bil/が内容面で分節できるような他の結合が存在しないことから、似たような分節は有意でない。*Bilanzbuchhalter, bilanzieren, Bilanzierung, bilanzsicher* などの語では常に/bilanz/というまとまり〈Einheit〉しか分節できない。従って、*Bilanz* という語を単一の自由形態素/*bilanz*/として分節、分類することが有意である。

[2.1.1章の練習問題]

　暗示的派生語〈implizite Ableitungen〉は *Band* と *Bund* で、他の3つは、派生形態素が造語に使われているから、明示的派生語〈explizite Ableitungen〉である: *Binde* の/e/、*Bündel* の/el/（-*el* が歴史的に-*il*-という形式にさかのぼるので、ウムラウトを伴う）、および *Gebinde* の/ge+e/という不連続形態素。

[2.1.2 章の練習問題]

　品詞転換は *Angel* と *Tischler* からの *angeln* と *tischlern* という形式だけである。なぜなら、この場合だけしか造語要素が使われず、屈折要素だけが変化するからである。*erblinden* と *befreunden* は接頭辞によって造られている動詞である。つまり明示的な造語要素をもっている。*Taugenichts* と *kurzerhand* は複合語である。*flugs* は核形態素/flug/と多くの語で副詞形成のために利用され、現代語ではもはや生産的でない形態素/s/とから成る。

[2.1.3 章の練習問題]

　ドイツ語における接合要素 (Fleischer/Barz によれば „Interfixe" 〈挿入辞〉, 1992: 136-138 を参照):

-s- :　　　　　*Landsmann*
-es- :　　　　 *Landesfarben*
-er- :　　　　 *Läänderspiel*
-en- :　　　　 *Breitengrad*
-e- :　　　　　*Tagedieb*
-ens- :　　　　*Herzensangst*
-o- :　　　　　*Chemotherapie*

　「私たちの考えからすると接合要素は形態素ではないので、挿入辞のない〈interfixlos〉接合は-0-で標示される。これにより『ゼロ形態素』という概念は取り上げられることはない。」(Fleischer/Barz 1992: 138)。ここで採られている見解からも、接合要素は形態素とはいえない。しかし、提起された解決策はほとんど受け入れることができない。-0-という量〈Größe〉は、このようなやり方では分類されないからである。ではそれは何なのか？　これで思い起こすのは、1979 年の Bergenholz/Schaeder による形態論に関する入門書での「ゼロ」〈null〉と「無」〈nichts〉を区別するという提案であ

－146－

る（2.1.2章を参照）。何もないところすべてにこれを形式的に（-0-であれ、他のやり方であれ）表す必要はないだろう。そうすることで言語学の記述は、不必要に複雑になるだけである。

ただしFleischer/Barzの一覧表には、例えば*Stratigraphie*のような外来語に出てくる接合要素 *-i-* を付け加えることができるであろう。

[2.3章の練習問題]

核形態素もしくはその異形態/vertrag, verträg/の/ver/と/trag/への分節

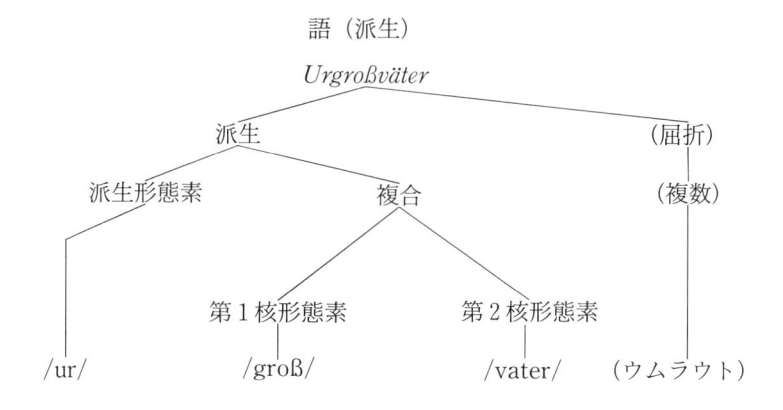

語（派生）
Urgroßväter

- 派生
  - 派生形態素 /ur/
  - 複合
    - 第1核形態素 /groß/
    - 第2核形態素 /vater/
- （屈折）
  - （複数）（ウムラウト）

語（派生）
Verträglichkeiten

- 派生
  - 派生
    - 核形態素 /vertrag, verträg/
    - 派生形態素 /lich/
  - 派生形態素 /keit/
- （屈折）
  - （複数）(en)

は形式上可能であろう。どちらの形式も、表現面からは別の結合となって現れるからである。この可能な分節を行うと、形態素〈Morpheme〉/ver/と/trag/および語彙素〈Lexem〉/vertrag/を持ち出すことになるであろう。つまり表現面と内容面で異なった分節をすることになる。このような解決法に対しては、形態素分析に関する文献では意見が異なっている。表現面の分節と内容面の分節の平行性に始まる分節は―それがここではよしとされるが―/vertrag, verträg/という解釈に行き着く。/trag/という形態がここにある内容を得るのは、/ver/と結びつく場合だけであり、例えば *austragen, nachtragen, Träger, Traglast* などのような他の結合では別の意味をもつことになるからである。実際の分析には図を用いた一時的な解決策も考えられるであろう。いつから形態素分析が表現面でしか認められないのか、それがこの解決策で明らかになる。例えばこのように:

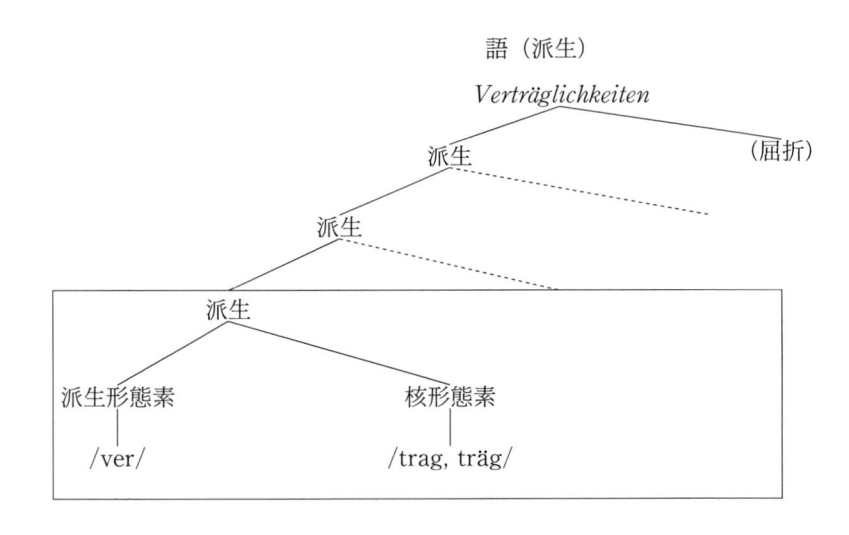

語（派生）
Verträglichkeiten
派生　　　　　　　（屈折）
派生
派生
派生形態素　　　核形態素
/ver/　　　　　/trag, träg/

枠囲み（あるいはまた違ったやり方も）で表示された分節は、この場合表現面でしか意味がないであろう。

外来語の核形態素は、要素 -ier- あるいは拡大形の isier- によって拡大されていることがある。さらに拡大の ifizier- が存在する。

語（複合）
Satzpronominalisierungen

```
                        複合                        （屈折）
              ┌──────────┴──────────┐                │
           第1核形態素              派生              │
                          ┌──────────┴──────┐        │
                         派生            派生形態素  （複数）
                   ┌──────┴──────┐           │        │
               派生形態素    第2核形態素      │        │
                   │            │            │        │
               /satz/  /pro/  /nominal, nominalisier/  /ung/   (en)
```

[2.4章の練習問題]

　Hapag は 'Hamburg-Amerikanische-Pachetfahrt-Actiengesellschaft' の短縮形である。つまり、これはピリオドによって明確にこの造語の略語の性格〈Abkürzungscharakter〉を指摘するF.D.P.のようなイニシャル語のグループに属する。*Kinematograph* と *Taxameter* から生じた *Kino* と *Taxi* では、-o- と -i- という要素が左方の形態素と結びついて、短縮語の形成に用いられる。*Motel* は左方の語の部分と右方の語の部分の結合から成る造語で、一部形態素の境界部分が消し去られている: *mot*or hot*el*。最後に *Big-Mac* は、形容詞の *big* と固有名詞である会社名の McDonalds に由来する左方の短縮語 *Mac* との結合から成っている。

[3.3章の練習問題]

　上掲の定義によれば、*Bächchen は音素配列上の〈phonotaktisch〉制約によるもので、*Störrischheit と *Gottkeit は形態論上の理由からあまり用い

られない。*Armheit, *Arbeitung, *Reiser, および *besen は、現存する形式 Armut, Arbeit, Reisender,および kehren によって阻止されている。*beginnbar は会話の論理上ほとんど考えられない。結局何事にも始めと終わりがあり、それを独自の造語で捉えることはいささか無意味である。

[3.4 章の練習問題]

このような分類ができるであろう。

完全に有縁: eßbar, grünlich, bergig

部分的有縁: fehlerhaft, säuberlich, arbeitsmäßig, schauderhaft

完全無縁: urig, peinlich, offenbar

形容詞の意味の透明度は、部分的にしか複合名詞のそれと比較することができない。形容詞の場合にも透明度の段階が存在する。eßbar, grünlich, そして bergig という造語は、3つのすべての造語において、核形態素の意味が基礎になっている語、つまり essen―eßbar, grün―grünlich, Berg―bergig と一致するので、Püschel の言う意味で完全に透明ないし完全に有縁と呼ぶことができるであろう。eßbar と grünlich では派生形態素/bar/と/lich/が系列造語的〈reihenbildend〉意味をもち、それらは核形態素に意味特徴を付加する:「されうる」ないしは「のように、に類似した」、それぞれ trinkbar, machbar, lesbar など、ないし rötlich, bläulich, gelblich など。形態素/ig/は新たな意味特徴を付加することなく、形容詞の形成に使われる純粋な文法的形態素である。/bar/と/lich/は特別な意味特徴をもった文法形態素である。―arbeitsmäßig, fehlerhaft, säuberlich,および schauderhaft といった造語は部分的に有縁であり、おそらくこの順序で[有縁性の]段階が低くなっていくであろう。säuberlich と schauderhaft は arbeitsmäßig と fehlerhaft よりも語彙化している。そのことはパラフレーズしてみれば明白である。―urig, peinlich,および offenbar といった造語はおそらく完全に無縁化していると解釈すべきであろう。それらは表現上透明であるが、内容上は透明でないか、あるいはごく小部分だけが透明であるかである。

総じてこういった段階付けがむずかしいことは、これらの例でも明らかになる。個々に見て行くと、この場合どうしても異なった解釈が生ずることがある。

[4.1.1 章の練習問題 1]
 a)　形式上の記述〈Formale Beschreibung〉:
　形式上の記述は、造語のヒエラルヒー構造の形態論上の記述である。つまり、2.3 章で論じられたことである。*Studentenwohnheim* という限定複合語は、最上レベルでは *Studenten* と *Wohnheim* という成分から成っている。第 1 成分は単一語（自由な語彙的形態素)/*student*/ と複数屈折形態素〈Pluralflexiv〉から生じた、明らかにまだ複数機能をもっている接合要素とから成り立っている。第 2 成分もまた形式的には 2 つの要素〈Elemente〉から、つまり拘束された語彙的形態素〈gebundenes lexikalisches Morphem〉/*wohn-*/ と自由な語彙的形態素の/*heim*/ から構成されている。—限定複合語 *Schulwegkostenerstattung* は、まずは *Schulwegkosten* と *Erstattung* という単位〈Einheiten〉から成っている。意味から言えば、むしろ *Schulweg*＋*Kostenerstattung* として分析する方が有意であろう。それは原則的にも可能だろう。*Schulwegkosten* はさらに *Schulweg* と *Kosten* として分析され、*Schulweg* は拘束された語彙的形態素/*schul*/ と自由な語彙的形態素/*weg*/ の結合として、/*kosten*/ は複数だけに現れる自由な語彙的形態素 (/*eltern*/ と類似して) として分析される。最後に *Erstattung* は/-*ung*/ という造語形態素を用いた、動詞 *erstatten* からの動詞由来派生語である。形の上からだけで言うと、*erstatten* は/*er-*/ と拘束された語彙的形態素/**statt-*/ (＋/-*en*/) から成る接頭辞動詞〈Präfixverb〉である。この拘束語彙的形態素は *ausstatten* にも現れるが、はっきりした独自の意味をもっていない。それ故に内容上の理由から、分析を/*erstatt*/ (＋/-*en*/) という動詞のところで終えるのが、有意であるように思われる。—*Riesenameise* という限定複合語は、形態論上もっと単純な構成になっている。/*ameise*/ は基礎語

練習問題の解答例

〈Grundwort〉かつ自由な語彙的形態素である。*Riesen-* は自由な語彙的形態素 /*riese*/ と接合要素 *-n-* から成る。—限定複合語 *Betonmischmaschine* は最上位のレベルで *Beton* と *Mischmaschine* (**Betonmisch-* と *Maschine* からではなく) から成り、/*beton*/ は単一語で、自由な語彙的形態素であり、*Mischmaschine* は拘束された語彙的形態素 /*misch-*/ (動詞語幹) と自由な語彙的形態素 /*maschine*/ から成る複合語〈Kompositum〉である。—最後に *Wintermantel* という限定複合語は、自由語彙的形態素である /*winter*/ と /*mantel*/ から成っている。

b) 内容上の記述〈Inhaltliche Beschreibung〉:

造語の意味論〈Wortbildungssemantik〉にはいろいろな可能性がある。ここでは記述の基準として四つのパラメーターを選ぶことが提案される。1) 語構造の意味〈Wortstrukturbedeutung〉、2) パラフレーズ〈Paraphrase〉、3) 有縁性の度合い〈der Grad der Motivierheit〉、そして 4) 系列造語〈Reihenbildung〉である。この分析をそのときどきの造語のあらゆる階層レベルで行うことができる。ただし、ここで考慮するのは最上位のレベルだけである。

パラメーター 1): *Studentenwohnheim* は語構造から「部分 B (*Wohnheim*) は部分 A (*Studenten*) の場所規定〈lokale Bestimmung〉」として記述することができよう。—次いで *Schulwegkostenerstattung* は例えば「部分 B (*Erstattung*) は部分 A (*Schulwegkosten*) の目的語」となるであろう。—*Riesenameise* は語構造上「部分 A (*Riesen-*) は部分 B (*Ameise*) のサイズ表示〈Größenangabe〉」として記述できるであろう。*Betonmischmaschine* は例えば「部分 B (*Mischmaschine*) は部分 A (*Beton*) の道具を表わす」となり、*Wintermantel* は「部分 A (*Winter*) は部分 B (*Mantel*) の時間規定」となるであろう。

パラメーター 2): パラフレーズのもつ根本的な難点は 3.1 章で詳述した。*Studentenwohnheim* は ‚Heim zum Wohnen für (von) Studenten' とパラフ

レーズできよう。*Schulwegkostenerstattung* は ‚Erstattung von Kosten für den Schulweg (des Schulwegs)' とでもなるであろう。——*Riesenameise* は ‚Ameise, die riesengroß ist' として、*Betonmischmaschine* は ‚Maschine zum Mischen von Beton' としてパラフレーズできるであろう。最後に *Wintermantel* は ‚Mantel, den man vorzüglich im Winter anzieht' とパラフレーズすることが可能であろう。

　パラメーター3): すべての造語に多様な部分的有縁性が見られる。どの造語にも、それらの複合語が個々の要素の意味を単純に足したものとすることでは説明できない語彙的な特徴が、現れるからである。——*Studentenwohnheim*, *Schulwegkostenerstattung*, ならびに *Betonmischmaschine* は、シンタックス上のパラフレーズを比較的はっきりと見出すことができ、個々の要素の意味が十分保持されているので、かなり有縁性が高い。——*Riesenameise* は、第1成分の意味が隠喩的に解釈されなければならないために、より強く語彙化している。つまり、最初に挙げた2つの例より部分的有縁性が低い。*Wintermantel* も、ここでは物と時の表示が同時に現れるので、おそらく有縁の度合いはもっと低いだろう。物と時の表示という関係が、ことばによって社会に適応されたことで確かに知られてはいるが、しかし論理的に自明ということでない。私たちに「物に対する知識」(‚Kenntnis der Dinge') がなかったら、このような複合語はさらに多くの方向で解釈されよう。例えば「冬に作られたコート」〈‚Mantel, der im Winter hergestellt wurde'〉あるいは「Winter という会社によって作られたコート」〈‚Mantel, hergestellt von der Firma Winter'〉という解釈も可能であろう。

　パラメーター4): *Studentenwohnheim* と *Wintermantel* は系列的造語の度合いが強い。*Wohnheim* や *Mantel* を伴う複合語は相当数存在する。それに対して *Erstattung* という語は、ほとんど *Kosten* と関連してしか現れない。つまり、この複合語は系列造語の性質がきわめて乏しい。*Riesenameise* では、第1成分が系列造語の部分である。この部分は一般に拡大の〈augumentativ〉意味をもつので、擬似接尾辞〈Halbpräfixe〉と

呼ぶことができる。Betonmischmaschine のような語の系列造語は、事の性質上普通の程度である。だが専門語の領域では、もちろん幾つもの類推の造語〈Bildungen〉の存在が当然考えられる。

[4.1.1 章の練習問題 2]

「所有」複合語〈‚Possessive' Komposita〉は Milchbart, Rotkehlchen, Rothaut, Dickwanst, および Dickkopf であろう。なぜなら、ここでは人物ないしは動物が肉体的な特徴によって命名されているからである。Rotkehlchen とそれより［語彙化の］度合いの低い Rothaut という複合語は、確かに残りの3つより語彙化している。それらは現代語においてもはや個々の特色付けのために用いられずに、種族表示〈Gattungsbezeichbezeichnung〉ないしは人種表示〈Rassenbezeichnung〉のために用いられる。Geizhals という造語を「所有複合語」と解釈することも考えられるであろう。ところが、ここでは構成要素 -hals は隠喩的に用いられ、「身体の特徴的な部分」を表すものではない。Milchbart という複合語も、そのような隠喩的な使用に近いものとなる。この場合、第1構成要素が隠喩的に用いられた部分である。

[4.1.2 章の練習問題]

Dichter-Komponist という造語は、そこにあるのが原則的に逆の順序でも使用できる部分の連結的な〈additiv〉関係なので、並列複合語として分類できるであろう。Kapitänleutnant〈海軍大尉〉もそのように分類することができるであろう。ただし疑問の余地がないとは言わないが: Kapitänleutnant は軍の大尉の地位にある船長であるが、また Generalleutnant, Reserveleutnant などの形式も存在する。このことは、この複合語の限定複合語としての解釈の方に有利に働く[注20]。Waisenknabe, Märchenonkel、および Polizeioffizier はまぎれもなく限定複合語である。ここには連結的ではなく、限定的な部分関係が存在する。Meistersinger は Kapitänleutnant とある種

の類似性を示している。ただし語彙化の度合いの強いものである。なぜなら現代の〈kontemporär〉形式なら、第2成分は-*singer* ではなく、-*sänger* でもって形成されるであろう。要するに、この造語は意味論上の理由から、現代語ではおそらく単一語として解釈されるべきであろう。

[4.2章の練習問題]

　名詞類複合語〈Nominalkomposita〉としての -*frei* に終わる造語の解釈にとって、有利な材料を提供する主な基準は、*frei* が同一の、あるいは少なくとも非常に類似した意味で形容詞としても現れるという事実である。この理由から -*frei* を派生接尾辞と解釈することはできない。ところが -*frei* には、複合成分〈Kompositionsglied〉と接尾辞の間にあるという解釈を擁護する特性がある。1) -*frei* に終わる造語は系列を成している(Vugeding 1981 の特殊研究〈Spezialarbeit〉あるいは Kühnhold 等の 1978: 136 f. における資料の一覧表を参照)。2) -*frei* に終わる造語は、同じように系列形成的な -*los* と -*leer* に終わる形容詞と競合している。*ausdruckslos/ausdrucksleer, geruchslos/geruch(s)frei, wasserlos/wasserfrei*。3) -*frei* に終わる造語では、意味上の重点は第2構成要素よりも第1構成要素にある: *knitterfrei, wartungsfrei, kreisfrei, fehlerfrei* など。4) -*frei* に終わる語のいくつかには、*frei* という形容詞と比べて意味の細分化の傾向がはっきり現れている。例えば *kreisfrei, markenfrei, rückenfrei, bahnfrei, portofrei* などの形容詞の場合。

　Haupt-/haupt- といった成分は名詞、および数に限りがあるが、名詞から派生された形容詞に見られる。辞書に出てくるのは（今アルファベットの最初の方の文字だけに特に目を向けると）例えば: *Haupt- + -abnehmer, -abteilungsleiter, -altar, -angeklagter, -augenmerk, -bahnhof, -beruf, beschäftigung, -bestandteil, -buch, -buchhalter, -darsteller, -eindruck, -eingang* などである。これらのすべての造語において、*Haupt-* という成分は独立し

た語 *Haupt* とは異なった意味をもっている。従って、機能的には接頭辞あるいは動詞不変化詞〈Verbpartikel〉に近いものが存在する。Fleischer/Barz（1992: 200 f.）では、そのため *Haupt-* は接頭辞の一つにも数えられる。ここで提案された解決策によれば、擬似接頭辞〈Halbpräfix〉ないし擬似接辞〈Präfixoid〉という術語は、既成の単位への固定した分類よりも明確に中間的位置を、すなわち幾多の文法現象の連続的な性格〈Kontinuumscharakter〉を表すので、このような造語のために保持されなければならない。

[4.3.1 章の練習問題]

　Kühnhold/Putzer/Wellmann 等（1978:130）は3つの機能タイプを区別している。1) *explositonsfähig, gehfähig* など、つまりそれぞれ「爆発することができる何か、ないし歩くことができる何か」〈'etwas, das explodieren bzw. gehen kann'〉。このような造語の語基〈Basen〉は名詞（*Explosion*）もしくは動詞（*gehen*）である。それらはすべてのケースの53.2%を成している。2) *transportfähig, streichfähig* など、つまり「何かが運送［されることが］できる、塗［られ］ることができる」〈'etwas kann transportiert, gestrichen werden'〉。ここでも語基が動詞のもの（*streichen*）と名詞のもの（*Transport*）がある。これらの造語は Innsbrucker Material の42.3%を成している。ごく少数の残り、すなわちあらゆる造語の4.1%だけは *funktionsfähig* と *saugfähig* のような形容詞が占めている。やはりその語基は動詞（*saugen*）と名詞（*Funktion*）である。ここでのパラフレーズの一般化はしにくい。

　Kühnhold/Putzer/Wellmann 等（1978）は6つの、ただしその機能が大変似通っている *-mäßig* に終わる形容詞のグループに分けている。それらは「関係する」〈'betrifft'〉（*gebietsmäßig*）、「である」〈'ist'〉（*behelfsmäßig*）、「のようである」〈'ist wie'〉（*autobahnmäßig*）、「にふさわしい」〈'entspricht'〉（*berufsmäßig*）などによってパラフレーズされる（1978: 287,321 f.,330, 346,367,373）。*-mäßig* という接尾辞は、要するに、それによって記述される

ことがら〈Sachverhalt〉と名詞語基〈Basissubstantiv〉との間にある関係をごく一般的に挙げる。— 例については: botmäßig は、現代語で「適応しやすい、屈従した」〈‚gefügig, unterwürfig'〉の意味をもった、もはや接尾辞派生語〈Suffixableitung〉とは解釈することができない語彙化した形式である。後期中高ドイツ語の時代には、まだ接頭辞 ge- のついていない名詞 bot（=「掟」〈‚Gebot'〉）は存在していた。なお法律の文書〈Rechtsurkunde〉で裏づけられる形容詞 potmäzzig は接尾辞派生語である。名詞 bot がこの形ではもはや現代語には存在せず、Gebot という接頭辞のついた形でしか存在しないので、派生の性格は失われてしまっている。botmäßig は単一語〈Simplex〉である。形容詞 polizeimäßig は、その語基が人物表示〈Personenbezeichnung〉である形容詞、つまり schülermäßig, paschamäßig, professormäßig などの一つである。Kühnhold 等の資料によれば、gewohnheitsmäßig は統計上最も頻繁に現れる機能タイプである。このタイプはそこでは「にふさわしい」〈‚entspricht'〉でもって書き換えられる (1978: 346 参照)。-mäßig に終わる形容詞全体の 39.9% がこのタイプに属する。zweckmäßig の場合は、「この構造は要求どおりの義務的な対応を意味する」(Fleischer 51982:275)。最後に mengenmäßig は、Kühnhold 等が「に関係する」〈‚betrifft'〉でパラフレーズした gebietsmäßig という範例〈Musterbeispiel〉を挙げているタイプの一つである。インスブルック・コーパス〈Innsbrucker Korpus〉の -mäßig- 造語の全体の 11.8% がこれに数えられる。

[4.3.2 章の練習問題]

「ドゥーデン大辞典」(1976:751, 第 2 巻) に記載されているのは:

1) *Erzabbau, Erzader*... ここでの *Erz* という構成要素〈Konstituente〉は接頭辞でなく、複合名詞の名詞的成分である。従って、このグループはここの問いに全体的に関連しない。

2) *Erzamt, Erzbannerherr, Erzbischof, Erzbistum, Erzdiakon, Erzdi-*

özese, Erzengel, Erzherzog/-in,/-tum, Erzjägermeister, Erzkämmerer, Erzkanzler, Erzmarschall, Erzpriester, Erzschenk, Erztruchseß, Erzvater.

3) Erzbösewicht, Erzdemokrat, Erzdummheit, Erzfaschist, Erzfeind/-schaft, Erzgauner, Erz-halunke, Erzkatholik, Erzkommunist, Erzlügner, Erzlump, Erzschelm, Erzschurke, Erzübel.

ドゥーデンが「高い身分・地位を示している」(グループ2)と「後続の名詞あるいは形容詞の否定的な、稀に肯定的な強意を表している」(グループ3)ものとして記述しているこれら2つのグループを代表するものが、つまりここではほぼ均等に挙げられている。だが挙げられた例がほぼ均等なのは、グリムの辞書を見て分かるように(1862: Sp.1074-1104,第3巻)、すでにかなり以前からこのグループ3の接頭辞だけが生産的なので、おそらくドゥーデンが代表するものすべてをリストアップしきれないせいであろう。グループ2(ただしグリムの辞書は2と3の間を区別していないが)では、ドゥーデンにもまだ掲載されている造語のほかに、別の21の(Erzbannerから Erzstift まで)造語がそこに載っている。これに対してグループ3では、ここで当然すべてをリストアップすることはできない107を下らない造語が、採録されている。中には今日でも何の問題もなく辞書に載ることができる、例えば Erzfaulenzer, Erzheuchler, Erzsau, Erzspitzbube などの造語がある。他の Erzbuhlerin, Erzkirchendieb, Erzlotterbube などのような造語は古めかしいだろうし、また別の、例えば Erzgeisterseher, Erzhurentreiber, Erzstockfisch などの造語は、おそらくグリムの辞書の作成時にもはや慣習的ではなかったであろう。Erzjungfrau, Erztugend, Erzhofmann など相当数の用例の場合、ドゥーデンの分類の第3のグループ、あるいは第3のグループのいずれに属するかを決定することは難しい。この接頭辞の語源から言うと、「高いランクを示している」という意味は古い方の意味である: ギリシャ語 archi-, 古高ドイツ語 erzi-, 中高ドイツ語 erze- =「上-、主-」〈,ober-, haupt-'〉。

[4.4.1 章の練習問題]

verblühen	:「(花が盛りを過ぎて) しぼむ、咲き終える」、結果相
verzuckern	:「糖化する」
verbauen	:「建物によって遮蔽する」ないしは別の読みでは「建物のために資金を消費する」
verkalken	:「老齢になる」を隠喩的に
versetzen	:ここでも二つの読み:「ある場所から別の場所へ動かす」あるいは「約束を守らない」
versagen	:「拒否する、顧慮しない...」
verführen	:一般的には「誰かに取り入る」、特殊な意味で「誰かをたらしこむ」

　この記述の結論は、*ver-* の意味が一般化できないということ、ここで例としてリストアップした動詞が接頭辞 ver- と共に語彙化していることである。唯一一般化が可能なのは *verblühen* である。他の動詞の場合でも ver- によって結果相が生まれている。

[4.4.3 章の練習問題]

　durchtrennen という動詞は不変化詞動詞〈Partikelverb〉である。語アクセントが幹綴〈Stammsilbe〉にあるので、durchtrennen は統語上のコンテクストでは分離せず、分詞は通常 -ge- を用いずに造られる。もちろんドゥーデンは副次形〈Nebenform〉*durchgetrennt* も記載している。*loslassen* は Fleischer/Barz (1992: 339) によって接頭辞動詞〈Präfixverb〉として、つまりここでは 4.2 章で述べた理由から、*recyceln* および *layouten* といった動詞のように、動詞付加語を伴う動詞〈Verb mit Verbzusatz〉として分類される。最後の 2 つは現代語においてまだ定着していないため、コンテクス

ト中でそれらを使用することはまだ難しい。ドゥーデンは確かに *recyceln* を動詞として(*Layout* は名詞としてだけ) 記載しているが、しかし用法は示していない。*es wurde recycelt, regecycelt* もしくは *gerecycelt* と言うだろうか？ 最初の形式は、現代のテクストにおいて最もよく見ることができるので、それが将来定着するであろう。*layouten* でも同様の難しさがある。

[5.1 章の練習問題]

　文 (2) は *Bewertung* という名詞化によって文 (1) を再び受けている。文 (3) も同じく名詞化形の *Begründung* で先行文を引き継いでいる。最後の文 (4) は先行文の *abschließend* と *Bewertung* という要素を再録する名詞化で始まる。これらの名詞化に代わって代名詞が、つまり 3 つの場合すべてに *dies* ないし *diese* がくることができるであろう。このテクストの名詞化は、テクスト言語学でいうと、要するに代名詞に類似した機能をはたしているのである。すなわち、それらは「文の代名詞化」と呼ぶことができる。

[5.2 章の練習問題]

　文 2 の *Nest zum Fest* という語群〈Wortfolge〉は、文 1 の *Ostereier* を指示している。名詞複合語の限定的構成要素 (*Oster-*) は、シンタグマの 2 番目の部分によって置き換えられる。被限定的な部分 (*-eier*) は第 1 の部分によって置き換えられる。つまり指示〈Verweisung〉は交差配列形式〈chiastische Form〉をとっている。*Oster-* と *Fest* の間には同一性の関係〈Identitätsrelation〉が、*-eier* と *Nest* の間には部分-全体-関係〈eine Teil-Ganzes-Relation〉が存在する。同じ文のなかの造語 *Auferstehungsfeier* も *Ostereier* の限定的構成要素の代わりに用いられている。ここにも意味的・テクスト機能的な同一性関係が存在する。最初の文と後続文との編成〈Verflechtung〉は多様複雑なので、ここで詳細にわたり記述することはできない。例えば *färbende Eierindustrie* は文 1 の *Zwiebelschalen* と *Pinsel aus dem Malkasten* を指示している。そこでは *Eierindustrie* という名詞複

合語は、複合語である *Großmütterlein* と対立的に〈antithetisch〉用いられている。*bunte Produkte* は *Ostereier* に代わっているが、*-industrie* への指示は部分的である。*Ostereier*＋*Eierindustrie* という連続〈Folge〉では、被限定的な要素（*-eier*）が限定的な要素（*Eier-*）に代わり、さらに今度は被限定的要素 *-industrie* が *Produkte* によって再録される。最後の文の *Oster-Ei* という造語は、その表記〈Schreibung〉によって特別なテクスト効果〈Textwirkung〉が意図されている。すなわち、この複合語がいまやハイフンを用いて書かれているので、文の内容は視覚的に強調される。著者の考えでは、事実上イースター〈Ostern〉とたまご〈Ei〉とはもはやあまり関係がなくなっているので、*卵*〈*Ei*〉はイースターという*慣習*からいわば*解放*され、それとともに *Osterei* という造語が、言語上ある意味で撤回される。— これはテクスト編成〈Textverflechtung〉が複雑で、非常に入念かつ緻密に構成されたテクストである。

[5.3章の練習問題]
1) *Fußkräftigungsanlage*
2) *Tretbahn*
3) *Fußreiz*
4) *Heilreiz*
5) *Rundgang*
6) *Kurwirkung*
7) *Kräftigungsbehandlung*

造語1）から4）は、その分かりやすさ〈Verständlichkeit〉と容認可能性〈Akzeptabilität〉の点から、専門語のテクストに限定されている。コンテクストからは、これらの名詞類複合語で表されるものが何であるかが明らかになる。言い換えれば、これらの複合語の構成要素が、一部はテクスト中に個別語〈Einzelwörter〉としても現れ、また一部は例えば *sogenannt* に

よる *Tretbahn* のように、対応する付加語によってはっきりと新造語だと証明される。日常語でも普通使われている語 *Rundgang* は、別のコンテクストでは別の読みをもつであろう。専門用語では、それは特定の技術的器具の名称として具体化される。*Kurwirkung* という複合語は、非専門的な新表現としても理解できる。この語は、*Kräftigungsbehandlung* という複合語と全く同じように、多くのテクスト類において容認が可能であろう。確かに双方の形態は即席造語であるが、狭い意味ではそれらは専門用語の造語〈fachsprachliche Prägungen〉ではない。

[注]
1 「名詞-動詞-言語」〈Nomen-Verb-Sprachen〉とは、ドイツ語のように、品詞の区別のはっきりしている言語のこと。「名詞性-動詞性-言語」〈Nominalitäts-Verbalitäts-Sprachen〉に対する。
2 著者は *Mücke* を „Basiswort" 〈基礎［底］語〉としているが、*Mückenbein* と *Mückenweibchen* という複合語では「規定語」〈Bestimmungswort〉に当たる。従って、ここでの訳は「基礎語」を意味していない。
3 「完全同義性」〈totale Synonymie〉とも言われる。
4 原文(S.46)では、この文の „blau" と „grau" が入れ替わってしまっている。
5 「ツィルクムフィクス」〈Zirkumfix〉については Irmhild Barz/Marianne Schröder/Karin Hämmer/Hannelore Poethe: Wortbildung-praktisch und integrativ. Ein Arbeitbuch. 2. Aufl. Frankfurt am Main (Peter Lang), S.184 にこうある: „Zirkumfix: Affixkombination aus Präfix und Suffix; fungiert in der kombinatorischen Derivationals eine diskontinuierliche UK, z.B. *Ge-... -e* bei *Gerede, un-... -lich* bei *unwiederbringlich*" UK は unmittelbare Konstituente(pl.) の略。従って、この用語をあえて日本語に訳すなら「接頭辞と接尾辞から成る接辞結合」とか「［結合的派生における］不連続直接構成要素」とでもなるであろう。
6 「コンフィクス」〈Konfix〉は前掲書 S.181 の解説 „gebundenes Grundmorphem, tritt als Prä- oder Postkonfix auf, selten in beiden Positionen, z.B.*schwieger-, -thek, -phon/phon-*" に基づけば、日本語訳だと「拘束基本形態素」がこれに当たるであろう。
7 日本語では「機能語」とも言われる。「内容語」とか「自義語」と訳されている „Autosemantikum" に対する。
8 ここでの ein- は前置詞の in と関連するが、形式上この形の前置詞は存在しない。

[注]

9 訳中の「そのうちの ... übersetzt.」という部分は、原文中にタイプミスと思われる言語学上の誤りが見られるため、訳者が第2版(1986; 70)も参照し、できる限り原文に即して訂正・翻訳した。

10 一つの自由形態素がそのまま語となっているものは「形態素語」〈Morphemwort〉と呼ばれる。

11 「言語外の対象を指す」〈referenziell〉指示要素のこと。

12 この記事の背景には、ドイツ全土を賑わせた次のような出来事がある。1972年、ブンデスリーガのクラブ Eintracht Braunschweig はクラブ運営で経済的な窮地に立っていた。当時のクラブ会長 Ernst Fricke であった。一方、Günter Mast という人物は、Wolfenbütteler Jägermeister Spirituosenfabrik W. Mast KG の社長であった。この両者の間に《Eintracht Braunschweig 側が選手のトリコットのシャツにつけていたクラブの紋章である「ライオン」を止めて、Jägermeister のロゴの「鹿［の頭］」をつけて会社の宣伝をする。その代わりに会者側がクラブ側に50万マルクを支払う》という趣旨の提携の話が持ち上がった。これに対し、ドイツサッカー連盟〈DFB〉は当初反対したが、経済的な面を重視せざるを得なく、後に結局選手のトリコットシャツを用いた宣伝を初めて許可することとなった。なお語義については、*Wildwechsel* と *gehörnt* とにはそれぞれ「けもの道」と「妻に裏切られた」の意もある。*Geheimbündler* は「秘密結社員」の意もある。

13 この訳語については、川島淳夫編集主幹『ドイツ言語学辞典』紀伊国屋書店 1994, S.921 を参照。

14 「新語創造」としたが、これは Neologismus の「新[造]語」ではなく、病像の一つ（＝発話の際に新語〈Neologismen〉をかなり多用する）を指すものである。

15 中島平三編集『言語の事典』朝倉書店 2005, S.288 によると、錯誤がはなはだしくなるとジャーゴンを呈することもあるようで、それを参考にこの訳語をつけた。

[注]

16 音による誤りは字性錯語〈literale Paraphasie〉、意味による誤りは語性錯語〈verbale Paraphasie〉と定義される。『ドイツ言語学辞典』紀伊国屋書店 1994 の Paraphasie《錯語》の項(S.686) を参照。

17 吉島・境『ドイツ語教授法―科学的基盤作りと実践に向けての課題』三修社 2003, S.58, 138 f. によれば、「言語付随的表現手段」とは言語に付随した情報を伝える手段、すなわち声、音の高低・強弱、発話速度などであり、「非言語情報手段」としては、言語以外の情報伝達手段として身振り、表情、距離の取り方、身体接触などが考えられる。

18 標準ドイツ語と対比すると、*isses*＝ist es, *kamma*＝kann man, *watt*＝was, *willste*＝willst du, *guggen*＝gucken, *gern gescheng*＝gern geschehen, *moin*＝Guten Tag, *hassu*＝hast du, *Zatcat*＝?, *Bilda*＝Bilder, *koa*＝kein, *Tach*＝Tag, *oda*＝oder, *froindin*＝Freundin といったようになる。

19 (原注)：1994 年 2 月文化大臣でありフランス語母国語話者であるジャック・トゥボンが、一つの法案を提出した。それによれば、外国語に由来する語はすべてフランス語の発音、表記法、および形態論に適合させなければならない。これに違反したら罰金で罰せられることになる。これはフランスでもほとんど効果がなかった。

20 *Generalleutnant, Reserveleutnant* でも *Leutnant* が通常限定複合語の基礎語の位置である第 2 成分となっていて、規定語の位置である第 1 成分となっていないため。

参考文献

Adelung, Johann Christoph (1782): Umständliches Lehrgebäude der Deutschen Sprache, zur Erläuterung der Deutschen Sprachlehre für Schulen, 2 Bde, Leipzig (=Hildesheim/New York 1971).
Aronoff, Mark (1976): Word Formation in Generative Grammar, Cambridge/Mass.
Augst, Gerhard (1975): Lexikon zur Wortbildung. Morphemstruktur, 3 Bde, Tübingen.
- (Hg.) (1984): Kinderwort. Der aktive Kinderwortschatz (kurz vor der Einschulung), nach Sachgebieten geordnet, mit einem alphabetischen Register, Frankfurt/Bern/New York/Nancy.
Augst, Gerhard/Bauer, Andrea/Stein, Anette (1977): Grundwortschatz und Ideolekt. Empirische Untersuchungen zur semantischen und lexikalischen Struktur des kindlichen Wortschatzes, Tübingen.
Barz, Irmhild (1982): Motivation und Wortbildungsbedeutung. Eine Diskussion sowjetischer Forschungsergebnisse. In: Beiträge zur Erforschung der deutschen Sprache 2, S. 5-21.
- (1983): Wortbedeutung und Wortbildungsbedeutung. In: Zeitschrift f. Germanistik 4, S. 65-69.
Bergenholtz, Henning/Mugdan, Joachim (1979): Einführung in die Morphologie, Stuttgart.
Braun, Peter (1982): Bestände und Veränderungen in der deutschen Wortbildung am Beispiel der *be*-Verben. In: Muttersprache 92, S. 216-226.
Brückner, Tobias/Sauter, Christa (1984): Rückläufige Wortliste zum heutigen Deutsch, 2 Bde, Mannheim.
Bußmann, Hadumod(1983): Lexikon der Sprachwissenschaft, Stuttgart.
Bybee, Joan L. (1985): Morphology. A study of the relation between meaning and form, Amsterdam.
Chomsky, Noam (1965): Aspects of the Theory of Syntax, Cambridge/Mass.
- (1970): Remarks on Nominalization. In: Readings in English Transformational Grammar, hg. von R.A. Jacobs/P.S. Rosenbaum, Waltham/Mass., S. 184-221.
Dederding, Hans-Martin (1982): Wortbildung, Syntax, Text. Nominalkomposita und entsprechende syntaktische Strukturen in deutschen Patent- und Ausgeschriften, Erlangen.

Dokulil, Milos (1964): Zum wechselseitigen Verhältnis zwischen Wortbildung und Syntax. In: Travaux Linguistiques de Prague 1, S. 215-224 (= Lipka/Günther 1981, S. 82-93).

Eichinger, Ludwig M. (1982): Syntaktische Transposition und semantische Derivation: Die Adiektive auf -*isch* im heutigen Deutsch, Tübingen.

- (Hg.) (1982): Tendenzen verbaler Wortbildung in der deutschen Gegenwartssprache, Hamburg.
- (1985): Die sprachliche Ausgestaltung von Raum und Zeit, am Beispiel der verbalen Wortbildung in der deutschen Gegenwartssprache, Bayreuth.

Erben, Johannes (1975, [2]1983): Einführung in die deutsche Wortbildungslehre, Berlin.

Eroms, Hans-Werner (1982): Trennbarkeit und Nichttrennbarkeit bei den deutschen Partikelverben mit *durch* und *um*. In: Eichinger, S. 33-50.

Fandrych, Christian (1993): Wortart, Wortbildungsart und kommunikative Funktion. Am Beispiel der adjektivischen Privativ- und Possessivbildungen im heutigen Deutsch, Tübingen.

Fischer, Ernst (1985): Das „gebundene Grundmorphem" in der deutschen Sprache der Gegenwart. In: BES 5, S. 210-224.

Fleischer, Wolfgang (1969 bis [5]1982): Wortbildung der deutschen Gegenwartssprache, Leipzig (5. Aufl. Tübingen).

- (1980): Wortbildungstypen der deutschen Gegenwartssprache in historischer Sicht. In: Zeitschrift für Germanistik 1, S. 48-57.
- (1983): Zur Geschichte der germanischen Wortbildungsforschung im 19. Jahrhundert: Jacob Grimm und die Junggrammatiker. In: Linguistische Studien, Reihe A, Arbeitsbericht 105, S. 74-100.
- (1993): Sprachbau und Wortbildung. In: Wellmann, S. 7-17.

Fleischer, Wolfgang/Michel. Georg (1977): Stilistik der deutschen Gegenwartssprache, Leipzig.

Fleischer, Wolfgang/Barz, Irmhild (1992): Wortbildung der deutschen Gegenwartssprache, Tübingen.

Flury, Robert (1964): Struktur und Bedeutungsgeschichte des Adjektiv-Suffixes -*bar*, Winterthur.

Friederici, Angela (1984): Neuropsychologie der Sprache, Stuttgart u.a.

Gauger, Hans-Martin (1971): Durchsichtige Wörter. Zur Theorie der Wortbildung, Heidelberg.

Givón, Talmy (1971): Historical syntax and synchronic morphology. An archeologist's fieldtrip. In: Papers from the [7th] regional meeting of the Chicago Linguistic Society, Chicago, p. 394-415.

Grimm. Jacob (1826): Deutsche Grammatik, 2. Theil: Ableitung und Zusammensetzung, Göttingen.

Günther, Hartmut (1974): Das System der Verben mit *be-* in der deutschen Sprache der Gegenwart, Tübingen.

Günther, Hartmut (1981): N+N: Untersuchungen zur Produktivität eines deutschen Wortbildungstyps. In: Lipka/Günther, S. 258-280.

Habermann, Mechthild (1994): Verbale Wortbildung um 1500. Eine historisch-synchrone Untersuchung anhand von Texten Albrecht Dürers, Heinrich Deichslers und Veit Dietrichs. Berlin u.a.

Heinle, Eva-Maria (1993): Die Zusammenrückung. In: Wellmann, S.65-78.

Henzen, Walter (^{3}1965): Deutsche Wortbildung, Tübingen.

Herbermann, Clemens-Peter (1981): Wort, Basis, Lexem und die Grenze zwischen Lexikon und Grammatik. Eine Untersuchung am Beispiel der Bildung komplexer Substantive, München.

Heringer, Hans Jürgen (1984a): Wortbildung: Sinn aus dem Chaos. In: Deutsche Sprache 12, S. 1-13.

- (1984b): Gebt endlich die Wortbildung frei! In: Sprache und Literatur in Wissenschaft und Unterricht 15, S. 43-53.

Hinderling, Robert (1982): Konkurrenz und Opposition in der verbalen Wortbildung. In: Eichinger, S. 81-106.

Höhle, Tilman N. (1982): Über Komposition und Derivation: Zur Konstituentenstruktur von Wortbildungsprodukten im Deutschen. In: Zeitschrift für Sprachwissenschaft 1, S. 76-112.

Holy, Werner (1985): Forschungsbericht: Wortbildung im Deutschen. In: ZGL 13, S. 89-108.

Holst, Friedrich (1974): Untersuchung zur Wortbildungstheorie mit besonderer Berücksichtigung der Adjektive auf *-gerecht* im heutigen Deutsch, Hamburg.

Hundsnurscher, Franz (1968): Das System der Partikelverben mit AUS in der Gegenwartssprache, Göppingen. (Das 4. Kapitel; Zusammenfassung der Beobachtungen, ist wiederabgedruckt in: Eichinger 1982, S. 1-32)

Inghult, Göran (1975): Die semantische Struktur desubstantivischer Bildungen auf *-mäßig*. Eine synchronisch-diachronische Studie, Stockholm.

Jespersen, Otto (1942): A modern English grammar on historical principles, part VI: Morphology, London.

Karius, Ilse (1976): Zur Beziehung zwischen Wortbildung und Alltagswissen. In: Braunmüller/Kürschner, S.59-68.

Kastovsky, Dieter (1969): Wortbildung und Nullmorphem. In: Linguistische

Berichte 2, S. 1-13 (=Lipka/Günther 1981, S. 306-323).
- (1982): Wortbildung und Semantik, Düsseldorf u.a.
Kim, Gyung-Uk (1983): Valenz und Wortbildung. Dargestellt am Beispiel der verbalen Präfixbildung mit *be-*, *ent-*, *er-*, *miß-*, *ver-*, *zer-*, Würzburg.
Kühnhold, Ingeburg/Wellmann, Hans (1973): Deutsche Wortbildung. Typen und Tendenzen in der Gegenwartssprache. Das Verb, Düsseldorf.
Kühnhold, Ingeburg/Putzer, Oskar/Wellmann, Hans (1978): Deutsche Wortbildung. Typen und Tendenzen in der Gegenwartssprache. Das Adjektiv, Düsseldorf.
Kürschner, Wilfried (1974): Zur syntaktischen Beschreibung deutscher Nominalkomposita auf der Grundlage generativer Transformationsgrammatiken, Tübingen.
Laca, Brenda (1986): Die Wortbildung als Grammatik des Wortschatzes. Untersuchungen zur Spanischen Subjektnominalisierung, Tübinger Beiträge zur Linguistik, Band 286, Tübingen.
Lees, Robert B. (1960, ^{5}1968): The Grammar of English Nominalizations, Bloomington.
Leiss, Elisabeth (1983): Semantische Universalien. Einige „unterspülte" Begriffe der Semantik und ihre Überprüfung durch Ergebnisse aus der Patholinguistik, Göppingen.
Lenneberg, Eric H. (1972): Biologische Grundlagen der Sprache, Frankfurt (engl. New York 1967).
Linke, Detlef (1981): Ganzheit und Teilbarkeit des Gehirns. Aphasie ist keine Störung des Kommunikationsvermögens. In: Sprache und Gehirn, hg. von H. Schnelle, Frankfurt, S. 81-96.
Lipka, Leonhard/Günther, Hartmut (Hg.) (1981): Wortbildung, Darmstadt.
Lutzeier, Peter Rolf (1985): Linguistische Semantik, Stuttgart (=Sammlung Metzler, Band 219).
Marchand, Hans (1960, 1969): The categories and types of present-day English wordformation: a synchronic-diachronic approach, Wiesbaden.
Matussek, Magdalena (1994): Wortneubildung im Text, Hamburg.
Meier, Georg F. (1961): Das Zero-Problem in der Linguistik, Berlin.
Müller-Bollhagen, Elgin (1985): Überraschungsfrikadelle mit Chicoréegemüse und Folienkartoffel. Zur Frage „Usuelle oder nichtusuelle Wortbildung?", untersucht an Substantivkomposita in Kochrezepten. In: Studien zur deutschen Grammatik, Festschrift J. Erben, Innsbruck, S. 225-237.

Naumann, Bernd (1985): Konversion. In: ZfdA 114, S. 277-288.
- (1994): Überlegungen zu einem Dialogbegriff als Handlungsspiel: Gestik und Mimik im Gespräch und in der Gesprächsanalyse. In: Edda Weigand (Hg.), Concepts of Dialogue, Tübingen, S. 1-13.
- (1995): Mailbox Chats: Dialogues in Electronic Communication. In: Future Perspectives of Dialogue Analysis, Tübingen, S. 163-184.
- (1998): Stirbt die deutsche Sprache? Überlegungen zum Sprachwandel durch IRC (Internet Relay Chat). In: Světla Čmejrková/Jana Hoffmannnová/Olga Müllerová/Jindra Světlá (Hg.), Dialoganalyse VI. Referate der 6. Arbeitstagung, Prag 1996, Tübingen, S. 249-262.

Naumaann, Bernd/Vogel, Petra Maria (2000): Derivation. In: G. Booij/Chr. Lehmann/J. Mugdan (ed.), Morphology. A Hand-book, Berlin u.a.

Olsen, Susan (1986): Wortbildung im Deutschen, Stuttgart.

Ong, Walter (1987): Oralität und Literalität. Die Technologisierung des Wortes, Opladen.

Ortner, Hanspeter (1984): Neuere Literatur zur Wortbildung. In: Deutsche Sprache 12, S. 141-158.

Ortner, Hanspeter/Ortner, Lorelies (1984): Zur Theorie und Praxis der Kompositaforschung, Tübingen.

Paul, Hermann ([1880]^{9}1975): Prinzipien der Sprachgeschichte, Tübingen.
- ([1920]^{4}1959): Deutsche Grammatik, Band V: Wortbildungslehre, Halle.

Peuser, Günter (1978): Aphasie, München.

Poeck, Klaus (Hg.) (1992): Klinische Neuropsychologie, Stuttgart, New York 1982.

Plank, Frans (1981): Morphologische (Ir)-Regularitäten: Aspekte der Wortstrukturtheorie, Tübingen.

Polenz, Peter von (1972): Neue Ziele und Methoden der Wortbildungslehre. In: PBB 94, S. 204-225 und S. 398-428.
- (^{2}1980): Wortbildung. In: LGL, S. 169-180.

Püschel, Ulrich (1978): Wortbildung und Idiomatik, In: ZGL 6, S. 151-167.

Ramge, Hans (^{2}1975): Spracherwerb. Grundzüge der Sprachentwicklung des Kindes, Tübingen.

Römer, Ruth (1968): Die Sprache der Anzeigenwerbung, Düsseldorf.

Sabourin, C.-F. (1994): Computer Mediated Communication: Computer Conferencing - Electronic Mail - Electrionic Publishing - Computer Interviewing - Interactive Text Reading - Group Decision - Support Systems - Idea Generation Support Systems - Human Machine Communication - Multi Media Communication - Hypertext - Hypermedia -

Linguistic Games, 2 vols. Montreal.
Sandig, Barbara (1978): Stilistik: Sprachpragmatische Grundlegung der Stilbeschreibung, Berlin.
Schippan, Thea (²1987): Lexikologie der deutschen Gegenwartssprache, Leipzig.
Schlaefer, Michael (1977): Die Adjektive auf *-isch* in der deutschen Gegenwartssprache, Heidelberg.
Schmidt, Gerd (?) Dieter (?) (1987): Das Affixoid. Zur Notwendigkeit und Brauchbarkeit eines beliebten Zwischenbegriffs in der Wortbildung. In: G. Hoppe u.a. (Hg): Deutsche Lehnwortbildung, Tübingen.
Schmitz, Ulrich (Hg.) (1995): Neue Medien, Osnabrücker Beiträge zur Sprachtheorie, Band 50.
Schnerrer, Rosemarie (²1982): Funktionen des Wortbildungsmorphems *un-* in der deutschen Gegenwartssprache. In: Beiträge zur Erforschung der deutschen Sprache, S. 22-51.
Schröder, Marianne (1978): Über textverflechtende Wortbildungselemente. In: DaF 15, 85-92.
Schwarz, Monika/Chur, Jeannette (1993): Semantik. Ein Arbeitsbuch, Tübingen.
Seppänen, L. (1978): Zur Ableitbarkeit der Nominal-Komposita, In: ZGL 6, S. 133-150.
Shaw, J. Howard (1979): Motivierte Komposita in der deutschen und englischen Gegenwartssprache, Tübingen.
Sowinski, Bernhard (1973): Deutsche Stilistik, Frankfurt.
Spycher, P.C. (1955 und 1957): Die Struktur der Adjektive auf *-ig* und *-lich* in der deutschen Schriftsprache der Gegenwart. In: Orbis IV, S. 74-89 und VI, S. 410-426.
Stachowiak, Franz-Josef (1979): Zur semantischen Struktur des subjektiven Lexikons, München.
Stepanowa, Maria (1979): Norm und System in der Wortbildung der deutschen Gegenwartssprache. In: Linguistische Studien, Reihe A, Arbeitsbericht 63, S. 61-72.
Toman, Jindřich (1983): Wortsyntax. Eine Diskussion ausgewählter Probleme deutscher Wortbildung, Tübingen.
Ullmann, Stephen (1957): The principles of semantics, Oxford (dt. Grundzüge der Semantik, Berlin 1972).
Ulrich, Winfried (1972): Morphologische und semantische Motivation in der deutschen Wortbildung. In: Muttersprache 82, S. 281-290.

参考文献

- (1973): Das Tierreich in der deutschen Wortbildung - Ein Exempel zum Verhältnis von Linguistik und Deutschunterricht. In: DU 25, S. 5-18.
Urbaniak, Gertrud (1983): Adjektive auf -voll, Heidelberg.
Ušakowa, Tatjana N. (1976): Children's word creation. In: Soviet studies in language and language behavior, hg. von J. Prcha, Amsterdam, S. 165-175.
Vögeding, Joachim (1981): Das Halbsuffix -frei. Zur Theorie der Wortbildung, Tübingen.
Vogel, Petra Maria (1996): Wortarten und Wortartenwechsel. Zu Konversion und verwandten Erscheinungen im Deutschen und in anderen Sprachen, Berlin u.a.
Wellmann, Hans (1975): Deutsche Wortbildung. Typen und Tendenzen in der Gegenwartssprache. Das Substantiv, Düsseldorf.
- (Hg) (1993): Synchrone und diachrone Aspekte der Wortbildung im Deutschen, Heidelberg.
Werner, Anja (1985): Blockierungsphänomene in der Wortbildung. In: Papiere zur Linguistik 52, S. 43-65.
Werner, Otmar (1988): Mundartliche Enklisen bei Schmeller und heute. In: L. M. Eichinger/B. Naumann (Hg): Johann Andreas Schmeller und der Beginn der Germanistik, München, S. 127-147.
Wichter, Sigurd (1991): Zur Computerwortschatz-Ausbreitung in die Gemeinsprache. Elemente der vertikalen Sprachgeschichte einer Sache, Frankfurt u.a.
Wilmanns, Wilhelm (1896): Deutsche Grammatik, Abt. II: Wortbildung, Straßburg.
Wilss, Wolfram (1986): Wortbildungstendenzen in der deutschen Gegenwartssprache. Theoretische Grundlagen-Beschreibung-Anwendung, Tübingen.
Wladowa, E. W. (1975): Okkasionelle Wortbildungen mit dem gleichen Stamm als Satz- und Textverflechtungsmittel (nachgewiesen an E. Strittmatter "Ole Bienkopp", Aufbau-Verlag Berlin 1963). In: Textlinguistik 4, S. 71-87.
Ziff, Paul (1972): What is Said. In: Semantics of natural languages, hg. Von D. Davidson u. G. Harman, Dordrecht, S. 709-721.
Zimmer, Dieter (1995): Sonst stirbt die deutsche Sprache. In: Die Zeit Nr. 26 vom 23.6., S. 42.

索　引

本文中の重要と思われる用語はドイツ語を〈　〉内に添えたが、名詞に関しては、その数は本文に従った。すなわち、単数で出てきたものは単数、複数で出てきたものは複数で表示した。だが、この索引では、ドイツ語の名詞は原則として単数形で表示している。

あ

アイディア・ジェネラル・サポート・システム　Idea Generation Support Systems　139
あいまいな有縁性　ambige Motiviertheit　69
暗示的派生　implizite Ableitung　32, 96, 145

い

異音の変異体　allophonische Variante　105
依存関係文法　Dependenzgrammatik　113
一語化　Univerbierung　51, 78
一語文　der Einwort-Satz　128
一致　Kongruenz　22, 24
イディオム化　Idiomatisierung　72, 90, 97f.
イニシャル語(頭字語)　Initialwörter　48ff., 149
意味上の示差特徴　semantisches Differenzierungsmerkmal　52
意味上の制約　semantische Restriktion　65
意味特徴　semantisches Merkmal　45, 52f., 58, 72ff., 94, 115, 117, 125f., 150
意味の欠乏　semantische Dürftigkeit　73f.
意味の転用　Bedeutungsübertragung　15
意味論　Semantik　9
インターフィクス　Interfix　95

う

右方の短縮語　rechtsseitiges Kurzwort　49f.
運動性健忘失語　motorisch-amnestische Aphasie　134

え

エピソード記憶　episodiches Gedächtnis　117

お

音韻上の有縁性　phonologische Motiviertheit　68
音韻性錯語　phonematische Paraphasie　133
音価　Lautwert　19f.
音声材料　Lautmaterial　20
音声体　Lautkörper　9

索　引

音素配列上の制約　phonotaktische
　　Restriktion　61

か

回帰的　rekursiv　59
外心的　exozentrisch　81,84,86
外来接辞　Fremdaffix　62,64
会話の論理に関する制約　gesprächs-
　　logische Restriktion　66
核形態素　Kernmorphem　28ff.,36,
　　43ff.,91,102,119,144f.
拡大の　augmentativ　13,149,153
過剰般化する　übergeneralisieren
　　130,138
過渡的現象　Übergangserscheinungen
　　93f.
喚語困難　Wortfindungsschwierigkeit
　　132
慣習的造語　usuelle Wortbildung　59,
　　117
完全有縁性　volle Motiviertheit →
　　voll motiviert　68ff.
慣用語法的結合　phraseologische Ver-
　　bindung　86
慣用的言い回し　idiomatische Wen-
　　dung　12
慣用度　Usualität　59

き

擬音語　Onomatopoetikum, laut-
　　malendes Wort　16,68
擬似接辞　Affixoid　88,92f.,156
擬似接頭辞　Präfixoid　8,91f.,94,156
擬似接尾辞　Suffixoid　8,25,77,89,
　　91f.,94,153
器質的構音障害　Dysglossie　132f.

基準的学術書　Standardwerk　10,14
規則違反　Normverstoß　60
基礎(本)形態素　Basismorphem,
　　Grundmorphem　28,67,93,103
基礎語(基底語)　Grundwort, Basiswort
　　53,56,78,88,120,151
規定語　Bestimmungswort　78
機能動詞結合　Funktionsverbgefüge
　　76
機能文体　Funktionalstil　127
規範[からの]逸脱　Normabweichung
　　120
規範による(的)制約　normbedingte
　　Restriktion　60
共意(義)的　synsemantisch　29
強意の造語　expressive Wortbildung
　　120
共義語　Synsemantikum　103
共成[語]　Zusammenbildung　99
巨大略語　Abkürzungsmonster　50

く

屈折　Flexion　21ff.,32f.,36,38ff.,94
屈折接尾辞　Felexionssuffix,
　　flektierendes Suffix　21ff.,38ff.,
　　42
屈折綴り　Flexionssilbe　27
グループ意思決定支援システム　Group
　　Decision Support Systems　139

け

形式上の分析　formale Analyse　41,
　　79
形態上の制約　morphologische
　　Restriktion　62
形態素分析　Morphemanalyse　31,

144
形態論　Morphologie　9f.,12,16,24,
　27,48,141
系統発生的　phylogenetisch　68,128
軽蔑的　pejorativ　25
系列造語的　reihenbildend　25,29,38,
　88,120,125,144,150
言語学的文体論　linguistische Stilistik
　124,126
言語規範　Sprachnorm　61
言語経過的メカニズム　sprachprozessualer Mechanismus　55
言語参加者　Sprachteilnehmer　54,
　59,61,72f.,118
言語史　Sprachgeschichte　21,89
言語習得　Spracherwerb　68,72,
　128ff.,132,137
言語純粋主義　Purismus　93
言語障害　Sprachstörung　132
言語使用者　Sprachbenutzer　48,53,
　59f.,63,70,83,108
言語喪失　Sprachverlust　128,132,137
言語中枢　Sprachzentrum　132
言語治療　Sprachtherapie　138
言語内の翻訳　innersprachliche Übersetzung　57
言語の経済性　Sprachökonomie　51
言語[の]創造　Sprachschöpfung　15
言語付随的　paraverbal　140,165
言語文体上　sprachstilistisch　92
現存する複合語　bestehendes Kompositum　59
限定[的]造語　Determinativbildung
　122
限定複合語　Determinativkompositum
　78f.,81,83ff.,87,91,107,151f.,154

こ

語彙　Lexik　12
語彙　Vokabular　137
語彙　Wortschatz　13,128,131,140
語彙化　Lexikalisierung → lexikalisiert　8,34,53,58,64,70ff.,79,
　82f.,90,97,112,150,153,155,157,
　159
語彙項目、辞書記載項目　Lexikoneintrag　61,118
語彙素　Lexem　36,71,148
語彙的　lexikalisch　27
語彙的意味　lexikalische Bedeutung
　28f.,31f.
語彙的核形態素　lexikalisches Kernmorphem　119
語彙的示差　lexikalische Differenzierung　51
語彙[的]特徴　lexikalisches Merkmal
　43,103,150,153
語彙による制約　wortschatzbedingte
Restrittion　60
好音調の　euphonisch　38
構成素構造樹　Konstituentenstrukturbaum　44
合接[語]　Zusammenrückung　86f.
構造的意味　Strukturbedeutung　12
構造分析　Strukturanalyse　42
拘束核形態素　gebundenes Kernmorphem　28,148
後続文　nachfolgender Satz　125,
　160
後方照応的指示　kataphorische Verweisung　111
語幹　[Wort]stamm　9,20ff.,27,31f.,

38ff.,94ff.,105f.
語彙〈ごがん〉 [Wort]nische 106
語幹形成接尾辞 stammbildendes Suffix 23
語基 Basis 29,62,66,92,94,96ff.,105,156f.
語クラス Wortklasse 18ff.,39,73,93,95
語群語彙素 Wortgruppenlexem 53f.,130
語形 Wortform 38ff.
語根 [Wort]wurzel 22,27,38,94
個人語 Individualsprache 132
語創造 Wortschöpfung 13ff.,18f.,68,128
個体発生的言語習得 ontogenetischer Spracherwerb 130
語用論上 pragmatisch 65f.
語用論的言語学の観点 pragmalinguistischer Aspekt 94
語用論的転換 pragmatische Wende 10
語尾 Endung 19,27,39
コンテクスト Textzusammenhang, Kontext → kontextuell 49,53,66,74f.,108,110,114,116ff.,123
コンテクスト性 Kontextualität 120
コンテクストの特徴 kontextuelles Merkmal 114
コンピューターインタビュー Computer Interviewing 139
コンピューター会議 Computer Conferencing 139
コンフィクス Konfix 29,96,103,144,163

さ

最小のパラフレーズ Minimalparaphrase 55
再録 Wiederaufnahme 111,116,160f.
錯誤 Neophasie 132,164
左方の短縮語 linksseitiges Kurzwort 49f.,149
3主要品詞 drei Hauptwortarten 95

し

自意(義)的 autosemantisch 29,163
自国の接辞 heimisches Affix 62,64
指示 Referenz → referieren 11,116,126
指示指令 Referenzanweisung 115f.
指示的意味 referentielle Bedeutung 115
指示的要素 referenzielles Element 115
辞書 Lexikon 8,11,34,53,59,67,72f.,132
辞書に掲載されるに値するもの Lexikonwürdigkeit 60
実語 Vollwort 11,26,48,50
失語症 Aphasie 132
失錯行為 Fehlleistungen 132
失書[症] Neographie、書字障害 Schreibstörung 132
失読 Neolexie、読字障害 Lesestörung 132
自明の self-explanatory 67,72
借用 Entlehnung 97
しゃれの形式 Spaßform 80
所有複合語 Possesivkompositum

-176-

81,83f.,154
自由形態素　freies Morphem　28,88,107,145,164
使用意味　Gebrauchsbedeutung　12
使用[の仕方]　Aufwand　78
情報の凝縮　Informationsverdichtung　78
叙述　Prädikation　52f.
所有複合語　Possesivkompositum　81,83f.,154
人工語　Artefakt　38,133,136
新語創造　Neoglossie　132f.,164
新造語　[Wort]neubildung, Neologismus　13,17f.,48,63,77,86,106,110,117f.,120ff.,130f.,137f.,140,142,146,162
シンタグマ　Syntagma → syntagmatisch　20ff.,24,37,42,51ff.,56,58,66,73,78,87,129,160
シンタグマティックな意味論　syntagmatische Semantik　53
真の同義性　echte Synonymie　64
心理言語学　Psycholinguistik → psycholinguistisch　10,85,128

せ

接合形態素　Fugenmorphem　38
接合要素　Fugenelement　36ff.,40,47,146f.,151f.
接辞　Affix　22,30,34,77,88,93,95f.
接中辞　Infix　77,95
接頭辞　Präfix　30,64,77,91,95,100f.,103f.,106,131,146,156ff.
接頭辞造語　Präfixbildung　96,100
接頭辞添加　Präfigierung → präfigieren　47,60,91,104

接頭辞動詞(接頭辞を伴う動詞)　Präfixverb　75,78,102,106,159
接尾辞　Suffix　19,22,25f.,30,39f.,77,88ff.,94ff.,103ff.
接尾辞造語　Suffixbildung　96
接尾辞派生[語]　Suffixableitung　20,90,96
ゼロ異形態　Nullallomorph　33ff.
ゼロ形態素　Nullmorphem　33ff.,146
ゼロ派生　Nullableitung　35
ゼロ要素　Nullelement　32ff.
先行文　Vordersatz　112,114ff.,125,160
潜在的造語　potentielle Wortbildung　59,130,132
潜在的な語彙項目　potentieller Lexikoneintrag　118
潜在的複合語　potentielles Kompositum　59
宣伝文　Werbetext　121
前方照応的指示　anaphorische Verweisung　111
専門語　Fachwort　29

そ

総合　Synthese → synthetisch　22
総合的言語形式　synthetische Sprachform　24
造語過程　Wortbildungsprozess　28,59
造語接辞　Wortbildungsaffix　22
造語タイプ　Wortbildungstyp　8f.,34,47,77,86f.,109,121,125
造語に関する制約　Wortbildungsrestriktion　61
造語のギャップ　Wortbildungslücke

索引

60
造語の接辞　Wortbildungsaffix　22
造語の接尾辞　wortbildendes Suffix 21,23,39
造語モデル　[Wort]bildungsmuster, Prägemodell　81,106,123
双方向テクストリーディング　Interactive Text Reading　139
即席造語　okkasionelle Wortbildung 59,117f.
阻止　Blockierung　62ff.,150

た

多機能性　Multifunktionalität, Polyfunktionalität　36,93
妥当な　adäquat　59
単一形態素から成る　monomorphematisch　67ff.
単一語　Simplex, einfaches Wort　75, 79f.,84,104,151,155,157
[単]一語化　Univerbierung　34,51,78
単語族　Wortfamilie　9
短縮形　Kurzform　24,48,149
短縮語　Kurzwort　47ff.,149
短縮語の形成（短縮造語）　Kurzwortbildung　9,47,77

ち

置換　Substitution　114f.,118
置換可能性　Kommutierbarkeit　70f.
超文分析法上（超文[分析]的）　transphrastisch　113,124

つ

ツィルクムフィクス　Zirkumfix　95

て

テクスト結束機能　textverflechtende Funktion　116
テクスト言語学　Textlinguistik → textlinguistisch　10,110,111,115, 128,160
テクスト指示的　textreferentiell　115
テクストの構成　Textkonsitution 110
テクストの拘束性　Textgebundenheit 17
テクスト連関　Textverflechtung　115
電子コミュニケーション　elektronische Kommunikation　139ff.
電子出版　Electronic Publishing　139
電子メール　Electronic Mail　139
伝達機能　kommunikative Funktion 120

と

同音同形異義性　Homonymie　64,89
動機のない　immotive　68
統語的範疇組換え　syntaktische Umkategorisierung　36
統語論　Syntax　2,24f.,51,53ff.,59, 73
動作主　Agens　56
動作主名詞　Nomen agentis　41f.,45, 65,97
動作名詞　Nomen actionis　41f.
動詞拡張詞　Verberweiterung　105
動詞句　Verbverbindung　112
動詞接尾辞　Verbalsuffix　104f.,145
動詞付加語　Verbzusatz　9,78,104
動詞付加語を伴う動詞　Verb mit Verb-

—178—

zusatz 107,159
動詞枠 Verbalklammer 102
透明な transparent 67,72,75
特徴 Merkmal 23,52,117,140
閉じたクラス geschlossene Klasse 28
とっさの造語(即席造語) Spontanbildungen 59

な

内心構造 endozentrische Konstruktion 78f.
内容素類 Pleremklasse 34

に

二語文 Zweiwort-Satz 129
二語併記 Doppelform 63
［認］知的概念形成 kognitive Begriffsbildung 129

は

ハイパーテキスト Hypertext 139
ハイパーメディア Hypermedia 139
背反関係 Ausschließlichkeitsverhältnis 42
派生形態素 Derivationsmorphem 28 ff.,34,43ff.,43ff.,66,102,119,144
派生［語］ Ableitung, Derivation 8f., 13,19,42ff.,64,74ff.,84,87f.,90, 92,94ff.,102,104,118,121
派生接尾辞 Ableitungssuffix 38,144
派生タイプ Ableitungstyp 98
派生モデル Derivationsmuster 65
発話の意味 Äuserungsbedeutung 11f.
発話場面 Sprechsituation 12

パラディグマティックな意味論 paradigmatische Semantik 53
半接頭辞 Halbpräfix 8
半接尾辞 Halbsuffix 8,25,91

ひ

比較的有縁 relativ motiviert 68
非言語的 nonverbal 140
被指示体 Denotat 126
非指示的要素 nichtreferentielles Verweiselement 115
左［大］脳半球 linke Hirnhemisphäre 132
非有縁な unmotiviert 67,9,71
ヒューマン・マシーン・コミュニケーション Human Machine Communication 139
標準形式 Standardform 58
病理言語学 Patholinguistik 128
品詞転換 Transposition、品詞交替 Wortartwechsel 34,35,95
品詞転換 Konversion 9,32.35f.,47, 76f.,86,146

ふ

複合［語］ Zusammensetzung, Komposition(Kompositum) 8f., 13,19ff.,24,43ff.,52,54,56,58,71, 74ff.,87ff.,92,95,101ff.,107,115, 117,119f.,122,129,131,146,152ff., 161
複合成分 Kompositionsglied 80,88, 89,155
複合接合部 Kompositionsfuge 95
不透明の opaque 67,72,75
部分的有縁性 Teilmotivierung → teil-

motiviert 68f.
部分で全体を表す表現法（提喩） pars-pro-toto 81ff.
不変化詞形態素 Partikelmorphem 28,30,102,145
不変化詞動詞 Partikelverb 75,104, 106f.
不変化詞複合[語] Partikelkomposition (Partikelkompositum) 104ff.
不連続形態素 diskontinuierliches Morphem 31,145
分析 Analyse → analysieren 22,32, 54,91,93,113,115,134
分析的 analytisch 22,23
分析的形式 analytische Form 22,24
分析的言語形式 analytische Sprachform 24
文体逸脱 Stilbruch 126
文の代名詞化 Satzpronominalisierung 111,115,160
文法上の特徴 grammatisches M. 43
文法的具現要素 grammatischer Aktualisator 57
文法範疇 grammatische Kategorie 22f.,44
文法用語 Grammatikterminus 93
文枠 Satzklammer 102

へ ────────

並列複合語 Kopulativkompositum 77,84ff.,154
変異体 Variante 34,81,102,105
弁別基準 Unterscheidungskriterium 89

ほ ────────

補充形 Suppletivform 65

ま ────────

前綴り Vorsilbe 27,101
マルチメディア・コミュニケーション Multi Media Communication 139

み ────────

民間語源 Volksetymologie 37,130

む ────────

無意味な刺激 asemantischer Stimulus 136

め ────────

明快さ Übersichtlichkeit 78
名詞化 Nominalisierung 111ff.,119, 124ff.,129,160
明示的派生 explizite Ableitung 96, 145
名詞文体 Nominalstil 125
名詞類複合語 Nominalkompositum 54,58f.,89f.,114f.,120,155

ゆ ────────

唯一形態素 unikales Morphem 28, 103,144
有縁性 Motiviertheit, Motivation, Motivierung 67ff.
融合 Verschmelzung 86
融合異形態 Portmanteau-Allomorph 31,34
融合形態素 Portmanteau-Morphem 31

よ

容認度(性)　Akzeptabilität　59

り

略語　Abkürzungswort, Abkürzung 48ff.
量(単位)　Größe　8,27
リングイスティックゲーム　Linguistic Games　139

る

類型的な現象　typenhaftes Phänomen 72f.
類推造語　Analogiebildung　120

類素性　Klassenmerkmal　23

れ

連関　Konnex　115
連関指令　Konnexanweisung　115
連結的　additiv　86,154
連想的価値の仲介　Vermittlung von Assoziationswerten　120
連想的喚情　assoziative Evokation 117
連続体モデル　Kontinuum-Modell　87

わ

話音節　Sprechsilbe　48
分かりやすさ　Verständlichkeit　78

[訳者あとがき]

本書は、Bernd Naumann (^{3}2000): Einführung in die Wortbildungslehre des Deutschen, Tübingen. の翻訳である。日本では、造語論が言語学の一領域として紹介・記述されることはあっても、そのものを記述の対象とするものは数少ない。しかもそれがドイツ語に限定された場合、皆無に近いかと思われる。そこで、母語話者の専門家による造語論の入門書を、それも比較的新しく、時代に即した視点を取り入れたものということで本書を選択した。ところが、原書のもついろいろな意味での難解さと訳者のとりわけ隣接領域(言語喪失、テクスト言語学、新しいメディアの言語などに)関する知識不足と相まって、十分な理解が得にくいところが少なからずあった。従って、全力は尽くしたが、誤りの入り込む余地があることは否めない。多くの方々にご教示いただければ幸いである。

訳出にあたり、特に下記の文献を参考にさせていただいた。
ディヴット・クリスタル著風間/長谷川監訳『言語学百科事典』大修館書店 1992
松浪・池上・今井編『大修館英語学事典』大修館書店 1986(1983)
下宮・川島・日置『言語学小辞典』同学社 1985
田中春美編集主幹『現代言語学辞典』成美堂 1988
川島淳夫編集主幹『ドイツ言語学辞典』紀伊国屋書店 1994
中島平三編集『言語の事典』朝倉書店 2005
Altmann, Hans/Kemmerling, Silke (2000): Wortbildung fürs Examen. Studien- und Arbeitsbuch, Wiesbaden.
Barz, Irmhild/Schröder, Marianne/Hämmer, Karin/Poethe, Hannelore (2003): Wortbildung — praktisch und integrativ. Ein Arbeitsbuch,

Frankfurt am Main.

　また、訳者の度重なる質問に快く答えてくださった南山大学のドイツ人の元同僚のお二人、Oliver Bayerlein 氏と Andreas Riessland 氏に改めてお礼を申し上げたい。なお、本書の出版に向けて一方ならぬご尽力をいただいた三修社の澤井啓允氏にこの場を借りて深く謝意を表したい。
　2008 年 7 月

石　井　賢　治

［著者紹介］―Bernd Naumann（ベルント　ナウマン）

　1938年ザクセン州のヒルシュフェルト生まれ。

　ハイデルベルク、ブリストル、そしてエアランゲン（＝エアランゲン・ニュルンベルク大学）で独語独文学と英語英文学を学ぶ。1967年にエアランゲンで博士号を取得。6年間アイルランドの首都ダブリンで客員教授（Statutory Lecturer）を勤め、1975年エアランゲンの独語独文学科のドイツ言語学の教授に招聘される。エアランゲンで、1993年から1996年まで評議員、1996年から6年間学長代理を務めている。1995年には京都大学の客員教授も勤める。

　主な研究領域は、ドイツ語の造語、言語学史、対話言語学、および新メディアの言語である。

　造語関係の著書としては、このシリーズの第1版にあたる「ドイツ現代語における造語」(1972)、第2版の「ドイツ語造語論入門」(1986)、そして本書第3版（2000）がよく知られている。また論文には、造語に関する「品詞転換」(Konversion)（In: ZfdA 114, S. 277-288）などがある。

［訳者紹介］―石井賢治（いしい　けんじ）

　1942年神奈川県生まれ。1968年（昭和43年）東京教育大学大学院修士課程終了。独語学専攻。主な研究領域はドイツ語の造語論と時称論。愛媛大学、信州大学を経て、南山大学を2008年3月に定年退職。現在、南山大学非常勤講師。造語関係の論文には、『インターネットのテキストとハイフンを伴った語』(「影の会」編『影』第43号）など。訳書には、ヘルマン・ヨーゼフ・ダーメン著　石井・佐藤・末永訳『なじかはしらねど―ジルヒャーの人と仕事―』（同学社1993）がある。

ドイツ語造語論入門
<small>ご ぞう ご ろんにゅうもん</small>

2008年10月10日　第1刷発行

著　者　ベルント　ナウマン

訳　者　石　井　賢　治

発行者　前　田　俊　秀

発行所　株式会社 三修社
　　　　〒150-0001 東京都渋谷区神宮前2-2-22
　　　　電話 03-3405-4511　FAX 03-3405-4522
　　　　http://www.sanshusha.co.jp
　　　　振替口座 00190-9-72758
　　　　編集担当 澤井啓允

印刷所　株式会社平文社

製本所　松岳社株式会社青木製本所

© Kenji ISHII 2008 Printed in Japan

ISBN 978-4-384-01168-5 C 3084

[R]〈日本複写権センター委託出版物〉本書を無断で複写複製(コピー)することは、著作権法上の例外を除き、禁じられています。本書をコピーされる場合は、事前に日本複写権センター(JRRC)の許諾を受けてください。
JRRC 〈http://www.jrrc.or.jp eメール：info@jrrc.or.jp 電話：03-3401-2382〉